環状島=トラウマの地政学

療癒心傷

凝視內心黑洞，
學習與創傷共存

宮地尚子Naoko MIYAJI
李欣怡｜譯

自由學習31

療癒心傷：

凝視內心黑洞，學習與創傷共存

作　　者　宮地尚子（Naoko MIYAJI）
譯　　者　李欣怡
封面繪圖　黃維君

企畫選書人　文及元
責任編輯　文及元
行銷業務　劉順眾、顏宏紋、李君宜

總　編　輯　林博華
發　行　人　涂玉雲
出　　版　經濟新潮社
104台北市民生東路二段141號5樓
電話：(02)2500-7696 傳真：(02)2500-1955
經濟新潮社部落格：http://ecocite.pixnet.net

發　　行　英屬蓋曼群島商家庭傳媒股份有限公司城邦分公司
台北市中山區民生東路二段141號11樓
客服服務專線：02-25007718；25007719
24小時傳真專線：02-25001990；25001991
服務時間：週一至週五上午09:30-12:00；下午13:30-17:00
畫撥帳號：19863813；戶名：書虫股份有限公司
讀者服務信箱：service@readingclub.com.tw

香港發行所　城邦(香港)出版集團有限公司
香港灣仔駱克道193號東超商業中心1樓
電話：25086231 傳真：25789337
E-mail: hkcite@biznetvigator.com

馬新發行所　城邦(馬新)出版集團Cite(M) Sdn. Bhd. (458372 U)
41, Jalan Radin Anum, Bandar Baru Sri Petaling,
57000 Kuala Lumpur, Malaysia.
電話：(603) 90578822 傳真：(603) 90576622
E-mail: cite@cite.com.my

印　　刷 —— 漾格科技股份有限公司
初版一刷 —— 2019年5月9日
二版一刷 —— 2020年7月9日

ISBN：978-986-98680-6-8

定價：380 元　　Printed in Taiwan

環狀島剖面圖

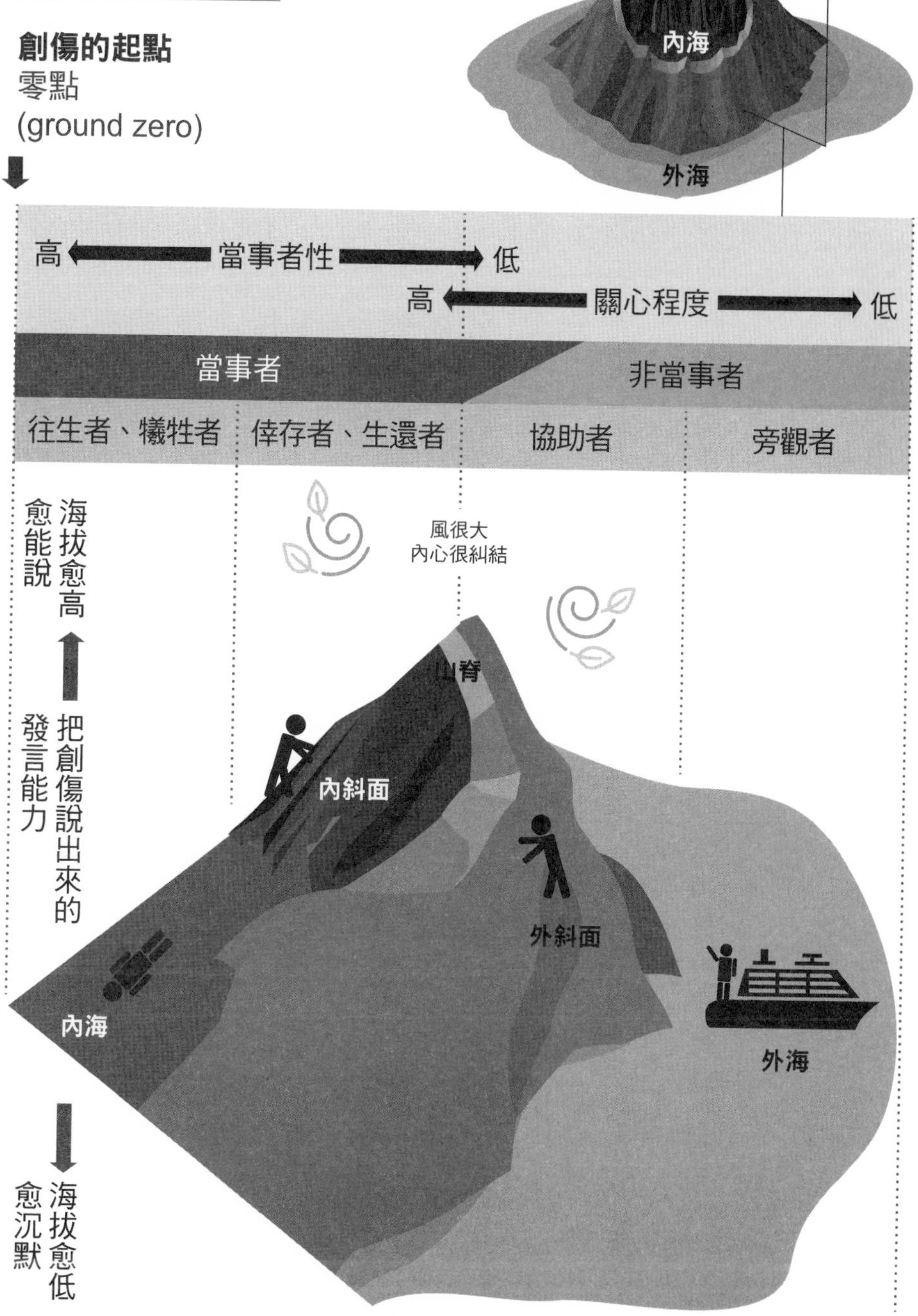
內海
外海
創傷的起點
零點
(ground zero)
高
當事者性
低
高
關心程度
低
當事者
非當事者
往生者、犧牲者
倖存者、生還者
協助者
旁觀者
海拔愈高
愈能說
把創傷說出來的
發言能力
海拔愈低
愈沉默
風很大
內心很糾結
山脊
內斜面
外斜面
內海
外海

目錄

按：本書日文原書完成於二〇〇七年，內容以當時日本社會情勢為主。

第一章

談論創傷：名為環狀島的模型

歲月流逝，事到如今，我們應該可以說，集中營的歷史，是光憑那些沒有墜落地獄底層的人，包括我，寫出來的。那些墜落地獄底層的人，不是沒有再回來，就是因痛苦及周遭的不理解，導致觀察力完全痲痹。

——普利摩・李維（Primo Levi）《滅頂與生還》（*I sommersi e i salvati*）[1]

世界上所有加害人對旁觀者唯一的要求，就是什麼都不做。

——茱蒂絲・赫曼（Judith L. Herman）《從創傷到復原》（*Trauma and Recovery: The Aftermath of Violence--From Domestic Abuse to Political Terror*）[2]；翻譯引用自B・H・史塔姆（B. Hudnall Stamm）《替代性創傷壓力》（*Secondary Traumatic Stress*）[3]

前言

本書的主題，是談論創傷這件事的可能性，以及談論者的位置性（／社會位置；positionality）問題。

戰爭、原爆（原子彈爆炸）、大屠殺、奴隸制度、殖民地化、自然災害、犯罪、社會事件或事故、性暴力或家庭暴力、兒童虐待等。一直以來，留下創傷的悲慘事件在地球上不斷發生。有許多人被奪去性命、也有許多人被擊潰，就算最後生存下來，那些壓倒性的暴力記憶，也奪取了他們的言語能力。所謂「非筆墨所能道盡」、「無法以言語形容」的，造成創傷的那些事，結果卻也還是被一一化為言語，也一直有許多人試圖談論創傷。首先是倖存當事者本人的證詞，另外還有家人或遺屬的證詞、協助者的代言、律師或醫師等的專業意見、研究者及新聞工作者的「客觀」記述、還有一般大眾的各種流言蜚語及臆測。

原本應該是難以言述的創傷，卻要試圖將它轉為能理解的字句，這種矛盾，讓發言者動搖，也讓傾聽者動搖。於是大家會用發言者立場或與事件之間的距離，去衡量話語的份量和信賴度，大肆評論這些人訴說的資格或權利等。「為什麼你（或我）就能夠訴說這個問題？」「不是還有很多人有更悲慘的經歷嗎？」「沒有其他更適合的證言者了嗎？」「如果經歷了這麼悲慘的過去，為什麼你還能如此冷靜地敘述呢？」「你有什麼資格代替受害者發言？」「又不是實際經驗了這一切，你懂什麼？」等，包括自問自答，疑問源源不絕，撼動彼此感情，苛責折磨著你自己。

愈訴說，愈會遭到「唇寒」（按：道人之短或說己之長，事後會感覺懊喪不已或惹禍上身）這種感覺的侵襲。忌憚周圍的批判，變得不想說太多，因為預測會遭到批判勾起戒心，最後感覺煩躁而遠離救助活動，將研究對象改成比較沒有心理負擔的主題，選擇專攻壓力較小、較不費事的領域。像這樣的例子屢屢發生，實際上也隨處可見。

但是，這些卻會造成對創傷的遺忘。當倖存者、有能力訴說的人、提供救助的人或關心的人、研究者或專家三緘其口，會讓這些事件隱形，加快在沉默中當事者的存在遭到活埋的速度、讓創傷的記憶更容易在社會中遭到抹煞。如此一來，對於那些造成創傷的人、假裝創傷不曾存在的人而言，無非正中下懷。

因此，在這裏我想要思考的是，訴說創傷的聲音，是如何出現在眾人面前的？人們如何處理它？受害當事者、協助者、代辯人、家人及遺屬、專家、研究者、旁觀者等人各自又處於什麼位置？是什麼樣的關係？面對像前述那樣撼動情緒的設問，提出的答案又有什麼樣的可能性？

而這些，也會跟一些設問緊密相關，像是：專職的人、專職制度、研究者和學術組織能夠如何與創傷相互作用、與創傷主題有關的社會運動中，當事者與非當事者能夠如何扮演自己的角色等。再把範圍擴大一點，應該還會牽涉到更多設問，像是歷史認知將會如何成形？而出現在此的「證詞」扮演的角色是什麼？集體記憶將如何生成、民族主義或族群國族主義會產生何種關係？國際輿論會如何形成？該如何實踐查明真實、恢復正義、和解紛爭與建構和平？

逃生地圖

訴說者的位置性（／社會位置）。所謂的位置性，指的是處於哪一個位置，是一個極具空間性的用語。試圖訴說創傷，會在空間上形成一種獨特的地形。在本書會將這樣的地形比做一座「環狀島」（圖一），並試圖描寫存在其中的動力。

當然，這裏所謂的空間，是一種隱喻性的空間。「環狀島」也是隱喻。不過，也不是完全與物理上的空間無緣。當我們想要跟某個人或某件事物保持距離的時候，可以藉由保持心理上的距離或是

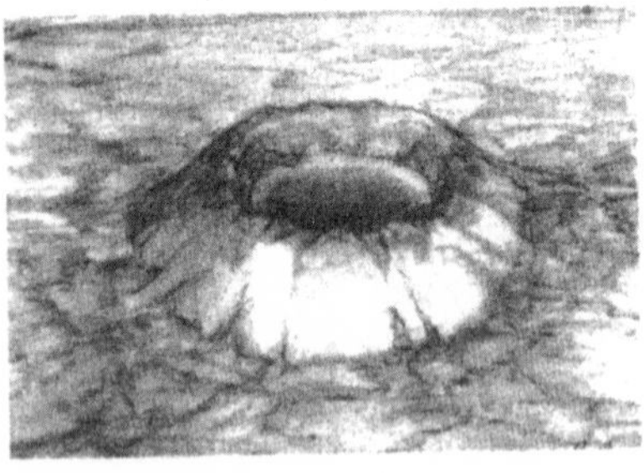

圖一　環狀島

絕交來達成，不過，拉開物理上的距離也有一定的效果。就像我在後面會敘述的，我想出「環狀島」這個模型的基礎，包含了廣島、長崎原子彈爆炸受害以爆心投影點（零點；ground zero）為同心圓的地圖印象。

這個我稱之為「環狀島」的模型，一開始我是把它當成自己的逃生地圖來描繪，然後逐漸發展出來的；現在依舊持續發揮著這個功能。我身為一個精神科醫師，一路致力於提供支援，幫助創傷受害者。在大學我則是教「和平社會論」這門課，並做關於創傷的社會、文化性研究。（宮地尚子《創傷的醫療人類學》〔『トラウマの医療人類学』〕[4]）。

做為一個治療者也好、協助者也好、研究者、教育者也好，要與受害者建立深入的關係，都是一件感情會受到強烈牽動的事。有時候會受到衝擊，覺得世界上怎麼可以容許這麼殘酷的事情發生，開始無法相信這個社會、無法相信人；相反地，也有時會忍不住懷疑受害者是不是在說謊、誇大其詞。身為協助者，有時候被迫肩負救世主般的使命感；下一刻又被完全的無力感和絕望感徹底擊潰。有時候身為一個執行人道救援的「偉大人物」受到大眾矚目；有時候被當成偽善者。也有的時候，因為受害者的關係，周圍的人分裂成敵我兩方、或是曾經同為協助者的夥伴，在不知不覺當中遠離，讓你覺得遭到背叛。身為研究者，有時候為了釐清事實，會不小心挖出一些事，卻沒有察覺當事者或其共同體，其實是希望你不要去觸碰的禁忌。也有的時候，你無意間問的一個問題，卻揭下原本好不容易勉強將傷口藏好、保護好的痂或薄皮，引起當事者對你爆發激烈的情緒。身為專家，在社會要求你提出關於受害者說明的同時，又必須接受大眾的質疑，看看不是當事者的你，能夠傳達出的資訊正確度有多少、是否能夠為當事者代辯。既可能有人對你投以懷疑的眼光，把你當成教唆當事者的煽動者，也可能遭到當事者的批判，認為你太懦弱。

在這樣心情容易受到擾亂、也會影響到人際關係的情況下，要避免自己崩潰、把身體搞壞（很遺憾這不是比喻），繼續淡然地與創傷受害者維持往來，絕不是一件容易的事。你也不可能在對於這些疑問或批判提不出答案的情況下，去培育下一世代的協助者和研究者。我把這種狀況稱為「Survival = 逃生」，或許聽起來誇大其辭。相較於受害當事者的痛苦，或許會有人說這也太脆弱了。但是，其實也可以說，正因為「有路可逃」，協助者和研究者要繼續涉入，也就等於要不斷脆逃生以求存活，這其實是更難的。而協助者的消滅，往往就會直接導致當事者逃生可能性的消滅。是的，因為世界上所有加害人對旁觀者唯一的要求，就是什麼都不做。

環狀島，發言者所處之島

在本書當中我想要敘述的，在某種層面上其實是很單純的，就是關於創傷，訴說的或是呈現的空間是個中空的構造。正處於創傷中心位置的人是無法發出聲音的，而最終沒有存活的死者則無法提出證詞。創傷的核心部分如同一個黑洞，沒有任何人能夠接近它的中心。漢娜・鄂蘭（Hannah Arendt）已經提出「忘卻之洞」[5]，史碧華克（Gayatri Chakravorty Spivak）則是反問「從屬者可以發言嗎？」[6]

「忘卻之洞」的確存在，而從屬者至少是無法用「你」能懂的語言訴說的。但是我們未必要將它視為一種否定的態度。能夠事先明白那裏有個洞存在，明白有一個無法接近、無法理解的東西存在，就已經有難以衡量的價值了。只要能察覺我們看不見、聽不到的東西的存在，我們反而就能夠開始看得見、聽得到許多東西。對於創傷，就能夠更深切的親身體會它、掌握住面對它的線索。

把這個中空構造再精密化、立體化一些，就是「環狀島」模型。它是一個有**內海**的島。每個特定的創傷，都會形成一座環狀島。能夠訴說那座環狀島的人，都身處環狀島陸地的某處。

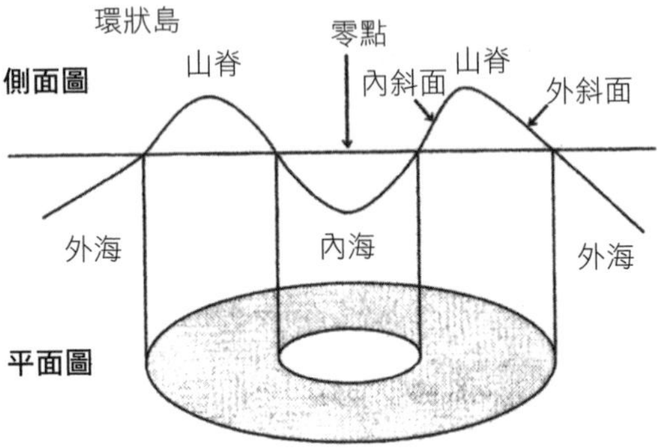

圖二　環狀島側面圖與平面圖

讓我們來描繪一下環狀島的示意圖。「圖二」是側面圖跟平面圖。有**內海**跟**外海**，島上則有**山脊**、還有**內斜面外斜面**。環狀島的陸地，在平面圖中呈現一個甜甜圈狀的區域，它跟原爆受害的同心圓圖中，雖然受害但勉強倖存的人、後來能夠提出證詞的人所在的區域是重疊的。當然，現實中當時由於風向或其他要素，應該導致受害程度並非平整的同心圓，而針對同心圓之自然科學意識形態，也已經有人提出批判。[7]

我們如果詳細呈現環狀島側面圖（右半部），就會如「圖三」。相當於**海拔**的縱軸是發言能力。橫軸則是以**內海**中心為**零點**，顯示與造成創傷事件之間的距離。所謂的**零點**，如果套入之前所提原爆的同心圓圖，就是爆心投影點*。附帶一提，爆心投影點的英文是ground zero。Ground zero並不是特指紐約世界貿易中心原址的專有名詞，也絕不應該這樣使用。

內海是死者、犧牲者沉沒的區域。愈是接近**零點**，愈是連屍體的形跡都蕩然無存。可能一瞬間燃燒殆盡、或是粉身碎骨、灰飛煙滅。也可能是有人為了不留下證據，而將屍體處理掉。從中心部向外，會出現焦黑的屍體、四肢分離的屍體、漸漸才會出現「普通」的屍體。在死者外圈的，是勉強倖存一命，但已意識不清、無法言語的人。當中大概有人會發出怪聲、也有人沉默不語。應該還有人不停顫抖、

* 生前投入阪神、淡路大震災及解離症等，在日本扮演創傷治療先驅角色的安克昌，用「被爆」（按：「被爆（hibaku）」，指遭受原子彈爆炸之害）來表現創傷帶給周遭的影響。輻射線的受害，在非肉眼所能見這一點上，跟心靈創傷有著重要的共通點。就像B・H・史塔姆（B. Hudnall Stamm）在編輯的《替代性創傷壓力》（*Secondary Traumatic Stress: Self-Care Issues for Clinicians, Researchers & Educators*）書中提到，也有人將把人捲入創傷的力量用「創傷細菌論」、「傳染性」或「疫病」等比喻來表現，但相較於想像成細菌或病毒，有直接性及距離感的「被爆」這個比喻我覺得更為貼切。

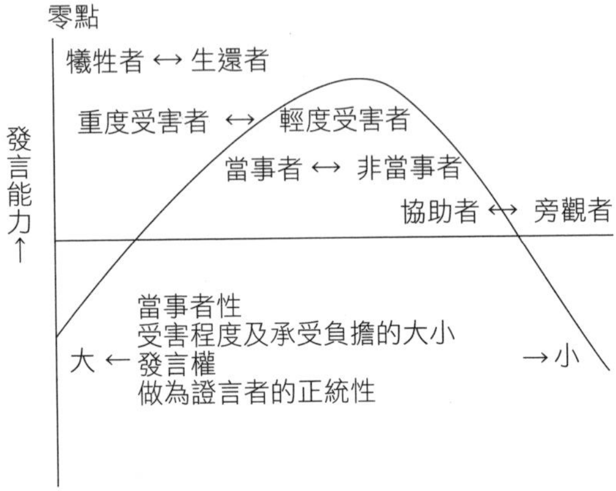

圖三　環狀島海拔高度愈高，發言能力愈強

有人全身僵直吧。可能有人嘴裏喃喃唸著語焉不詳的詞語、也可能有人產出的不是語言，而是潦草塗鴉沒人看得懂的畫、或是試圖演奏出一些聲音。還可能有人晃著一頭亂髮、手舞足蹈。

這一帶是**浪拍岸**的交界。從這裏上到**內斜面**的陸地，開始就是有能力說話的人了。隨著爬上**斜面**，言語開始帶有力量，能言善道程度在**山脊**到達頂點。

要畫分清楚是很困難的，不過我們可以大致看作當事者處於**山脊**的內側，**內斜面**的位置，非當事者則位於**山脊**外側的**外斜面**上。在當事者之當中，症狀、受害情形、負擔愈重的人，就愈接近內側的位置。雖然不是當事者，但身為協助者、或是關切的人、多少試圖涉入的人，位於**外斜面**，而涉入程度愈深的人就愈接近**山脊**。有時候，在涉入之後，受害情況會波及非當事者，造成替代性創傷（次級創傷），非當事者開始帶有當事者的性質，而越過**山脊**來到內側。**外海**則是屬於不關注這個創傷問題的人的領域。在**外海**的浪拍岸處有旁觀者，旁觀者的外側是完全不關心的人，然後在更外側還有完全不知道這個問題的人（關於「無知」，可以參照伊芙·可索夫斯基·賽菊寇〔Eve Kosofsky Sedgwick〕《暗櫃認識論》〔*Epistemology of the Closet Summary*〕[8]中，關於privilege of unknowing〔無知的特權〕的議論。此外，也請參照宮地尚子〈治療者的性別敏感度〔gender sensitivity〕〉〔「治療者のジェンダー・センシティビティ」〕，刊載於《精神療法》[9]）。

家人或遺屬、配偶，以及親密友人等的位置是很難界定的。我想大致上可以想成位於**山脊**附近，但應該把他們當成當事者還是非當事者，也會因事件的種類及性質而不同吧。家人基本上是非當事者，但卻無法輕易離開或逃走，而且，他們也可能會間接受害或是受到替代性外傷。但是另一方面，端看如何涉入，家人也可能加害於當事者。想要特定家人在環狀島中的位置是如此困難，而這恐怕也敏銳的反映出現實。在觀察臨床現場，也會發現家人扮演的角色存在很複雜的因子，而當事者和家人之間的距離也是千差萬別。

順帶一題，**內海**及**浪拍岸**這些水的印象，是源自於普利摩・李維（Primo Levi）《滅頂與生還》[10]。李維所謂的「灰色的領域」，大致與環狀島的位置一致。當然，海是個隱喻，所以存在的不是一定要是水，火海也可以（我會想到阪神・淡路大震災剛發生時神戶市長田區的火災）、無底的泥淖、血池地獄、黑洞也無所謂、就像針對創傷記憶的回歸，有人用了「埋葬與亡靈」這個表現，不是海或水，而是深深埋葬的土也無所謂。（森茂起編《埋葬與亡靈：創傷概念的重新探究》〔『埋葬と亡霊——トラウマ概念の再吟味』〕[11]）。

環狀島與圓錐島之比較

我提出環狀島模型的理由及這個模型顯示的意義，應該可以透過跟圓錐島的比較，變得相當明確。所謂的圓錐島，是沒有**內海**，中央是標高最高點的島，畫成相當於環狀島「圖三」的側面圖（右半部），就會像「圖四」那樣，也就是愈接近中心部、距離創傷愈近，就愈具備發言能力的觀點。

我們往往會有一種默認的前提，認為受害情形愈是嚴重，就愈具備敘述那件事的發言權、實際上也愈能滔滔訴說那件事。發言權和身為證言者的正統性（legitimacy），的確可能是愈接近中心就愈高。但是，實際上受害過於嚴重的人會死亡，失去發言的機會。就算活下來，要發言也必須具備某種條件、能力或資源。比方智慧、溝通能力和邏輯思考能力等，是不可或缺的條件，或許還會需要具備跟傾聽者用相同語言訴說和識字的能力。要有說服力，則可能需要具備表演能力以及在社會上的信用。首先，在資源上，他需要能說話、書寫的心力和體力，還有能說話的身體機能。充分的時間也是必要條件。他必須能夠信任別人且懷抱希望，認為「或許會有人聽我說」，也必須有最低限度的自尊，能夠覺得「我可以發言」。他必須習慣說話或寫字、要有練習的機會、鼓勵他說話的環境，至少必須要有一個不壓抑、不禁止發言的環境。

如此看來，愈接近中心的人，反而愈難訴說，就變得理所當然了。不過在現實中，大家卻深深受到一種既定思維的束縛，就是愈接近中心的人愈有權利發言、愈應該發言、愈有能力發言、實際上也發言得愈多。所以才會出現一些批判和責難，像是「可以由倖存者來代替犧牲者、死者發言嗎？」或是「可以把重度殘障的人放在一邊，由輕度殘障的人來發言嗎？」「當事者的心聲，是可以由非當事者來代言的嗎？」這些隨之而來的倫理上的質疑，也會毫不留情、咄咄逼近這些發言的人。

後殖民主義促成了深入探究發言者位置性（／社會位置）的契機。這是個絕對必要的探究，但它卻也衍生出「如果不是當事者就什麼都不該說」這種跟原本目標

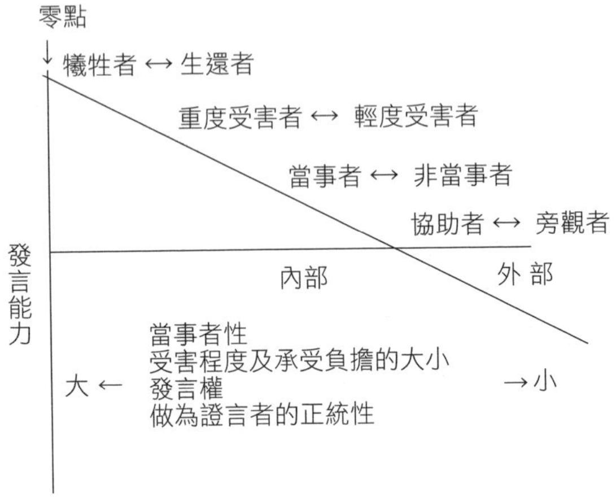

圖四　環狀島上的發言能力與發言權

正好相反的淺薄誤解。

「代言者會搶走當事者的聲音」，這有時的確是事實，但如果因此協助者和代言者就輕易退縮，閉上嘴巴，或是離開那個位置，結果變成了旁觀者，那又有可能會以不同的形式剝奪了當事者發言的機會。

與其擔心這個問題，不如試著正視這個中空構造，藉由一些設問，去發現某些可能性呢？像是「是不是有些人被捲進這個問題，卻不能發言或無法發言呢？」「這個問題形成了範圍多廣、高度多高的環狀島？」「這個人身處於環狀島的哪裏，做了（或是沒有做出）哪些發言？」「這個人的發言內容，適用於環狀島哪個範圍的人？」「這個人，對於身處環狀島其他場所的那些人的存在，察覺到什麼程度？」

容我列出自己藉由「環狀島」地圖的概念中察覺的一些事以及得到的一些行動時的參考方針。

雖然受害的程度與提出證詞能力之間的圖表關係並非呈現一直線，但可以找到某種規則性。所有的證詞都具備了代言的機能，也就是「所有提出證詞的人都是代言者」。就算只是代言，並不會降低它做為證詞的價值，證詞本身就具備做為證詞應該受到尊重的性質。重要的是，受害者的聲音出現在不確定能否化為言詞的領域，也就是**內海**的**浪拍岸**這個區域，而提供協助的意義之一，在於將提供證詞者從**內海**拉上**陸地**。無法接觸到創傷的核心，只能在它的周圍繞圈子，這個困境（dilemma）是必然的。有些事情只有「非當事者」才做得，或者說，正因為「不是當事者」才能做到的。在離核心很遠、卻離自己比較近的地方冷靜的做一些自己能做的事，是具有很大意義的。**內海**和**外海**的水位，會因社會的樣貌而有極大的不同，當**水位**下降時**浪拍岸**就會變成**陸地**，這時能夠訴說這個問題的人就會增加。相反的，當**水位**上升時，發言者就會減少，整座島將被海吞噬，這個問題就會被世間遺忘。

再覆述一次，「環狀島」這個模型，是我為了將自己被捲入的狀況做整理，同時為了在混亂中進行思考，而創造出的腦中概念圖。它既沒有確實存在，也不是一個成品，應該還存在許多不合理之處。

雖然稱之為逃生地圖，並不是這個地圖能夠解決所有的問題。不過，或許可以當成一個「總比什麼都沒有好多了」的道具，也或許還會有我料想不到的使用方式。總之希望各位稍微再跟我一起做這個「思考實驗」，試試看這個地圖用起來如何。

第二章

沉入內海的受害者們

心原本就被身體化了。
思考大抵是無意識的。
抽象概念則是一種大幅的比喻。
這些是認知科學的三個主要發現。關於理性的這些面向二千年來先驗的哲學臆測告終。在這些發現之後，哲學已經不可能再回到相同的地方了。

——喬治・雷可夫（George Lakoff）、馬克・詹森（Mark Johnson）
《肉身的哲學》（*Philosophy in the Flesh*）[12]

犯罪受害者的創傷和法律救濟

在與圓錐島比較之下，我試圖藉由「環狀島」這個比喻來呈現什麼樣的現象、試圖傳達什麼，不知道是否約略地表達出來了。接下來我想舉出具體的例子，來思考環狀島這個比喻的有用性。

創傷後壓力疾患（post-traumatic stress disorder，PTSD）這種疾病的概念在日本開始有人介紹、並應用於精神保健現場，是起因於一九九五年阪神・淡路大震災及地下鐵沙林事件。由於PTSD在概念上，內含某一事件和其引發症狀的因果關係，之後漸漸地也被應用在法律上追究加害者的罪狀及責任，還有要求、估算關於受害的賠償上。

不過，針對犯罪帶來的創傷，要讓法律救濟成立，有好幾個難處。有些困難來自於過去從來沒有人用過的疾患觀念，在還沒消化的情況下被導入醫療及法律中產生的混亂；有些則是來自於對於肉眼看不見的心理創傷，該如何評估、如何證明其因果關係這個問題。

不過最根本的問題是，愈是受害嚴重，導致帶來的症狀也嚴重的人，有時反而愈難得到法律救濟。以這一點來說，環狀島的現象就顯現得非常明確。有眾多受害者，無法發出能夠傳到法律體系的聲音，而沉沒在**內海**中。

為什麼呢？讓我們試著把原因列舉出來。

第一，PTSD的症狀如果過於嚴重，受害者是無法承受報案、讓警察或檢察官問話做筆錄、出庭作證這些審判過程的。PTSD的主要症狀，包括因為一些瑣事，觸發對事件歷歷在目的恐懼感（創傷經驗重現），以及因此試圖迴避可能讓自己想起難以啟齒的那件事的機會或狀況（逃避症狀）。像是事件說明、現場勘查等，為了要協助調查，必須能夠打敗這些症狀，但這並不是件輕易能夠做到的事，很容易導致症狀惡化。此外，PTSD常常與憂鬱症併存，症狀嚴重時，連受害者控訴受害的精力都會被奪走。

第二，當受害內容嚴重、期間很長的時候，即使受害者提出受害的控訴，在調查或法律程序中，有時會發生「為什麼你沒有早點求助？」「為什麼你會一直順從對方導致這麼嚴重的後果？」這種反而對受害者存疑的情況。

第三，如果受害者瞬間重歷其境（flashback）或恐慌發作等症狀很嚴重，有時警察或檢察官會對受害人的可信度存疑，懷疑那些症狀是不是幻覺、妄想或錯亂狀態。

第四，受害者要克服審判過程，充分的時間、經濟資源以及協助者都是必要的。但是，症狀愈嚴重，愈有可能無法工作，而收入中斷、花在治療上的時間金錢增多、對與他人來往愈感到痛苦，就愈是無法得到這樣的條件。

基於這些理由，受害情況嚴重、承受嚴重的精神症狀，也無法走到刑事訴訟這一步、就算提出訴訟也無法起訴、或是民事訴訟無法成立的例子比比皆是。這種傾向，在性犯罪受害等情況下會更強烈。理由包括性犯罪中多為受害者本身不控告就無法搜查的非告訴乃論、社會加諸受害者的烙印很深、在搜查和審判過程中，受害者會很容易遭受應該稱為第二次性侵害的再度傷害等（宮地尚子〈性暴力與創傷後壓力疾患（PTSD）〉[13]）。我為許多性暴力受害者診療，但其中能夠走到法律手續或公共補償、賠罪等地步的只有極少數人。

大多數的人都害怕事件曝光，為症狀所苦，雖然對逍遙度日的加害者感到忿忿不平，也只能責怪自己最終無力制止受害行為，每天繼續活在對加害者的恐懼中。

就像這樣，在臨床現場可以觀察到，一般的案例都是，受害者沒有接受任何補償、加害者也沒有受到任何處罰，受害情形能得到正確認定、獲得救濟的是例外。即使現狀如此，對於PTSD在法律上的處理，卻還有人發出警告，主張「大家太輕易就做出PTSD的診斷了」、「PTSD過度受人矚目，已經引發法律上的混亂」、「由於PTSD是看不見的，可能遭到擴大解釋或過度使用、裝病等惡用，實際上這樣的情況也一直在發生」。

我就曾經目睹這樣的研討會，而我自己反而認為在日本犯罪受害者的PTSD尚未獲得充分診斷，法律上也沒有受到充分認定，我舉出了前述原因、臨床實際認定以及法律上實際認定之間的差距，整理了我的論述考察（刊載於宮地尚子〈PTSD的概念在法律上該如何考量？〉[14]）我現在還是覺得那篇論述考察沒有錯，不過，當時若能用環狀島這個創傷的地形說明或許更容易理解。因為PTSD受到的評價，究竟是過大還是過小，這個爭議本身就立足於認為受害嚴重程度與發言能力成正比的圓錐島地形基礎上，可能只會帶來更大的誤解。

受害內容愈不堪、PTSD症狀愈嚴重，在法律上就愈能得到救濟，也就是讓環狀島接近圓錐島，設法確保上述事項這是好的。技術上應該也還有相當大的改善空間吧。如果能像富士山那樣，中心凹陷的位置高聳到接近山頂，就算有隕石坑也沒有水，或許是最理想的。但這是一個極度艱難的工作。**內海**絕對不會消失，要將**內海**縮小永遠有困難。

想以PTSD為根據在法律上得到應有的補償，就必須先具備前述的條件。受害是容易獲得認定的情況、症狀不過輕也不過重、仍保有發言的體力、精力和自我價值感、有人協助、有時間及經濟上的資源、處於不必擔憂烙印（stigma）或第二次性侵害的環境。

所以，擔心ＰＴＳＤ擴大解釋或使用過度的人舉出的判例，ＰＴＳＤ症狀並不嚴重、也不是典型病例，會讓人想說：「只不過是這種程度的受害」或「只不過是這種程度的症狀」，這個結果並非偶然。

不過，如果強調這一點，就會有人懷疑「那麼，那些說自己是ＰＴＳＤ的人，是否就不是ＰＴＳＤ了？」實際上我也聽過專門研究創傷的人說：「真正有ＰＴＳＤ的人，來看診的時候不會說自己有ＰＴＳＤ。」（不過，他是在ＰＴＳＤ這個診斷名還沒有廣為人知的時期說的，現在狀況又大為不同了）。

那麼，我們可以認為，如果能夠發言，讓受害得到認定，是否就代表他的受害情況並不嚴重、不是最糟糕的呢？其實並不是。當然，相較於往生者或是已經崩潰導致無法發言的人，或許沒那麼淒慘，但是，並不表示就是輕微的。有些受害者，即使內情相當不堪，即使需要的條件不完備，還是勉強奮力抓住**內斜面**，發出聲音。也有一些人，雖然有很嚴重的ＰＴＳＤ，還是有能力從網路等找到資訊，正確做出自我診斷，為了復原（recovery）到醫院就診（關於例外能言善道發言者的存在與條件，請參閱本書第四章，特別是頁七〇之後）。相對的，也有一些人，雖然下決心要訴諸法律途徑，在審判過程中ＰＴＳＤ症狀卻愈來愈惡化，眼看著就要從**斜面**滑落，而不得不中斷這場奮戰。應該也有些人，因為身心狀況已經無法繼續承受，雖然不滿意，還是答應和解。一開始伸出援手的協助者，也可能因為「替代性創傷」（vicarious trauma，指協助者承受的創傷。還有一個專有名詞是「次級創傷」〔secondary traumatic stress〕，但容易跟受害者在事件後再次受害的情況混淆，在此選用「替代性創傷」，參照史塔姆編《替代性創傷壓力》；按：同注3），或是跟受害者之間產生情感上的齟齬，導致離開協助的圈子。

對環狀島產生作用的力量：重力與風

即使是此刻有能力訴說的人，其實也不知道什麼時候會從**斜面**掉落，遭到拖進**內海**中。不知道是不是會被迫沉默，化為海藻碎屑漂流到忘卻之海的彼端。這就是環狀島。在此我想把對環狀島產生作用的力量，分為「重力」和「風」這二個比喻來思考。

所謂的「重力」，指的是創傷帶有的持續影響力，是帶給受害者個人長期間的創傷反應及症狀本身。被視為PTSD主要症狀的創傷記憶侵入（重現）症狀、逃避及麻木症狀、過度警覺症狀。隨之而來的疲勞倦怠、身體不適、罹患身體疾病，或解離症狀及下意識的重演行為。

被鍵入受害者的自卑及自責念頭，以及為了逃避這些感覺的成癮行為、自傷行為及自殺企圖（貝塞爾・范德寇〔Bessel A. van der Kolk〕等編《創傷壓力》（*Traumatic Stress: The Effects of Overwhelming Experience on Mind, Body, and Society*）[15]，還有混亂、錯亂、瘋狂。不管是哪一種，只要惡化，最終就是走向沉默，然後死亡。受害者試圖爬上**斜面**往外側前進，但只有更加損耗已經用盡的體力，卻無法逃出那裏。

重力也同樣作用於身處**外斜面**的人，接觸受到創傷的人，深思創傷這個主題，也會帶來類似的症狀（替代性創傷）。這些症狀是讓人感到難受和痛苦，而且還會後患無窮。要不然就要趁症狀還不嚴重時儘快逃離，否則很有可能會傷得跟受害者一樣嚴重，越過**山脊**，誤入**內斜面**。

相對的，所謂的**風**，則是指在受到創傷的人和周遭之間捲起的人際關係的混亂及糾葛等動力。在環狀島的上方，永遠狂亂吹著強烈的**風**。往內吹的**風**和往外吹的**風**互相干擾，不管在**內斜面**或**外斜面**，要留在原地都非常困難。

在**風**當中，存在著受害者之間在身心障礙、症狀或創傷上「比誰更嚴重」的風。大家會聽見從內側傳來似乎比自己更痛苦的呻吟，聽見無法化為言語的「救救我」的呼喊聲。但身處**內斜面**的當事者，通常每個人都自顧不暇。一個不小心跟對方扯上關係，也會血淋淋地喚醒自己的體驗，讓自己失去平衡，從原本所在之處掉落到**內海**，所以可能會假裝沒聽見。相反的，看到比自己更靠近內側的人，也可能會因為覺得自己不如他嚴重，而否認自己的受害者性及當事者性。相對的，對於受害或症狀比自己輕的人，則可能感到羨慕或憤怒，或者可能以獲得社會認同為受害者的人跟自己比較，而感到不合理。

此外，關於比自己受害或症狀嚴重而無法倖存或是遭到殺害的人，抱持倖存者罪惡感（survivor guilt）這一點，由於是人際關係，可以分類為**風**，但考量對方已經不存在那個空間，以及刻畫在受害者個人心裏的深度，它又是超過人際關係層次的創傷普遍反應，又似乎比較適合歸於**重力**。或者乾脆使用既不是**風**也不是**重力**，而是朝向中心黑洞的向心力這個比喻會更貼切。

在受害者和協助者之間，會吹起轉移及逆轉移的強**風**。在日常的人際關係當中，也經常可能發生轉移和逆轉移，但當牽涉到創傷的時候，就會變得非常激烈，要維持穩定的人際關係可能變得很困難。

比方說，受害者對外側的人保持不信任的感情，同時，卻也渴望對方的關心和幫助。基於這樣的矛盾心態，他們有時候會做出試探對方的行為。「想逃也逃不掉」的自己，和「只要想離開就可以離開」的協助者。害怕遭到背叛的心態，反而促使他們會怒罵對方「你又不是當事者」、「你根本不懂」，藉此試探對方的反應。一旦覺得對方值得信任，就很容易將對方理想化或過度依賴對方。不過，只要對方有稍微跟自己預期不同的行為，又會很容易覺得遭到背叛而感到受傷。

相對的，協助者則是聽到**內斜面**傳來的聲音，產生興趣、好奇心、同感、同情和責任感等等，一步步接近受害者。愈是期望自己有良知，可能就愈容易遭到受害者情緒的起伏弄得團團轉，失去應有的距離。也有可能會與受害者同一化，把自己未解決的問題或過去的人際關係投影到受害者身上，或是為了滿足自己的缺憾情感而試圖支配受害者。有時疲於應付自己和受害者之間的關係而想要遠離，有時對於受害者復原的路途遙遠感到「悲憫疲憊」（compassion fatigue），導致累垮。在受虐者精神分析治療中，有人指出患者與治療者會不知不覺重複演出「受害者與加害者」、「受害者與救濟者」、「加害者與受害者」和「受害者與旁觀者」這種類似虐待的關係性（J・M・戴維斯、M・G・勞利《兒童期性虐待的成年倖存者心理治療》〔*Treating The Adult Survivor Of Childhood Sexual Abuse*〕[16]、理查・高德納（Richard B. Gartner）《男童性虐待》〔*Betrayed as Boy: Pschodynamic Treatment of Sexually Abused Ma*[17]〕）。我在臨床上也常常遇到會讓我想起這個論點的情況，我認為只要不再需要演出這些關係性，本身就已經是一種治療上的進展了。

有時候，在協助者之間會萌生「同感競爭」，也就是誰最理解受害者這種心理上的競爭。而另一方面，也可能發生治療團隊二分成對受害者同情組和批判組的「裂解」(splitting）現象。

針對受害者，還存在外來的懷疑眼光，例如「是否有傾訴的權利？傾訴的內容是否為真？有沒有為了得到補償而企圖裝病？」而這種相同的旁觀者眼光也會落在協助者的身上。在這裏會很容易發生「他在煽動受害者」、「他不過是個操控受害者利用在自己社會運動上的偽善者」，這種「對偽善者的責難」。

如上所述，環狀島隨時暴露在強**風**之中。同樣處於**內斜面**的受害者、同樣處於**外斜面**的協助者、受害者與協助者、受害者與旁觀者、協助者與旁觀者等，任何一種排列組合的人際關係都逃不過**風**的吹襲。

環狀島的特徵：水位

除了**重力**和**風**之外，還有一個左右你是否能繼續站在環狀島上的就是**水位**。這象徵著社會對於創傷的否認或不理解的程度。一個社會，如果對受害者而言是易於發言的，有人能夠不責備、不懷疑，願意仔細傾聽、好好接納或給予支援，就可說**水位**低。**水位**低，**內海**就會變小，**斜面**的緩坡面積也會增加。

影響**水位**高度的是社會的團體特質、周遭人群的感受能力和應答能力。當一個社會具備「人生不知何時會有何種不幸或災難來襲」這種共同認識，或是每個人都可能因為災難而深受創傷的理解、當這個社會給對他人痛苦的感受性和體貼賦予較高的價值時，**水位**應該就會下降。相反的，重視競爭、弱肉強食和「自我責任」思想較強的社會，大家習慣於殘暴、將人拿來排名比較優劣或分階級的社會，**水位**應該就會上升。

文化底蘊也會影響**水位**。像是不受限於符合邏輯的言語，能夠具備接納片段式吶喊或詩般表現的能力，除了言語之外，用舞蹈、歌曲或繪畫等藝術來表現的傳統。不僅是被表現出來的部分，從沉默及缺席中找出感受性的尊重，以及儀式的存在、眼能所見並非一切的這種世界觀等，這些都是想聽取**內海浪拍岸**的聲音時不可或缺的，也能夠帶來降低**水位**的結果。

水位還會因專業領域而異。例如在心理臨床和法律的領域，**水位**就完全不同。在心理臨床上，隱私權受到保護的房間裏，夾雜喃喃自語和呻吟道出難以啟齒的受害情況，或許可以受到接納。但在法律現場，就會要求受害者出席公開場所，用連疑心重重的人也能接受的理性言詞陳述、要求提出物證或客觀證據。我們可以說，前述ＰＴＳＤ帶來法律上的混亂，應該大多出自於這種不同領域間的**水位**差。

科技和媒體也會影響**水位**。例如，電腦及通訊技術的發達，讓身障者可以閱覽資訊、結識同伴、也更容易發表自己的意見，透過這樣的形式，對降低**水位**有所貢獻。提到「身心障礙研究」的誕生，也無法排除科技。但是，無法接觸科技的人、跟不上的人，當然遭到排除。對這些人而言，**水位**則會上升。

此外，現代科技對於視聽覺的偏重，也會導致對觸覺、嗅覺、味覺等的感受性，對看不見、聽不到的東西的遲鈍麻痺。還有，媒體反覆報導、流傳的事件可以降低**水位**，但是無法錄音錄影，或是缺乏可以訴諸視覺素材的事件，就很難獲得報導，這時**水位**應該會上升，而受害者的聲音也就會在沒有任何人聽見的情況下漸漸被淹沒吧。

社會運動與環狀島

抵抗**重力**、抵抗**風**、降低**水位**。弱勢群體的權利運動、為保護受害者、弱者之社會運動的意義，似乎也可以用環狀島這個比喻整理出來。

在社會運動中最重要的是，對抗**重力**和**風**這些向內向外的力量，當事者及非當事者繼續站在島上，繼續發言，以及增加這些人的數量。

為了要繼續發言，需要具備對抗**重力**和**風**，繼續站穩在原地的「韌性」。可能還需要在受到他人或自我批判時，能夠不過度執著、不至於自毀的「粗枝大葉」個性（宮地尚子〈有辦法拯救難民嗎〉[18]）。最重要的是，預先認識**重力**的激烈殘酷、預先察知**風**複雜的動向，才能夠防止「跌落」；我們或許可稱之為關於創傷的情緒素養。

要讓原本無法發言的人能夠說出難以啟齒的遭遇，中間會有各種過程。像是在較為輕鬆的活動中提高整個社會對問題的關注度，或在文化活動中營造能讓當事者

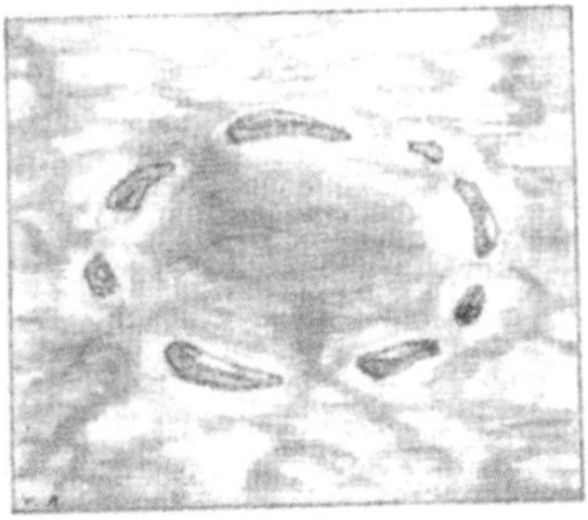

圖五　環狀島演進歷程：其一

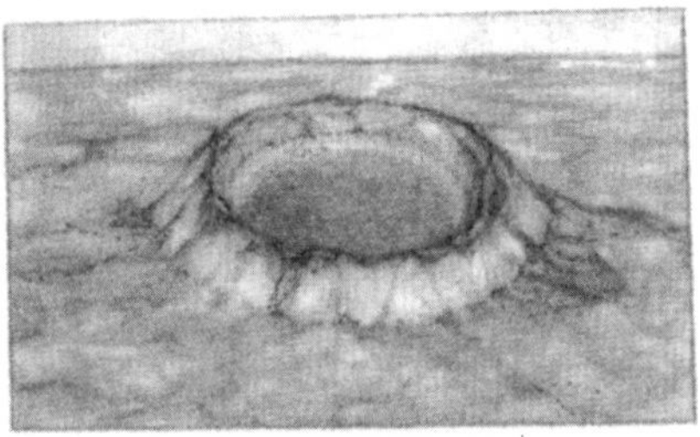

圖六　環狀島演進歷程：其二

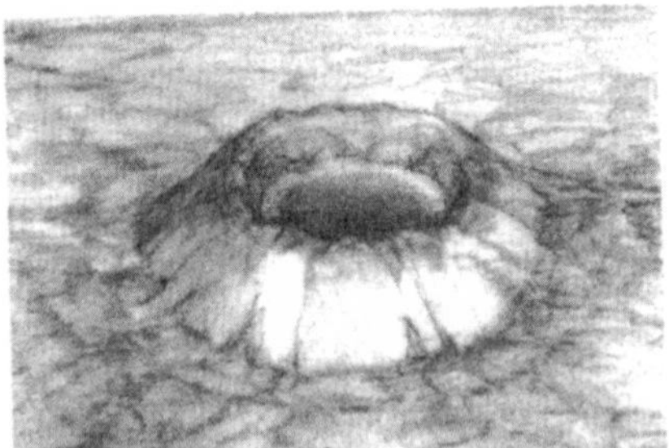

圖七　環狀島演進歷程：其三

發言或表現的場合，應該都會對降低**水位**，拓寬**斜面**的緩坡面積，增高**山脊**或整座島有所助益。

藉由創傷治療，將快要被捲入**內海**的「病人」或「瘋子」拉上**浪拍岸**，持續把他們原本無法讓人理解的喃喃自語，翻譯成可以理解的言詞也很重要，傾聽**內海**，聽取無聲的言語，也就是與往生者的對話和弔唁，也是一種寶貴的行為。

社會運動開始的過程，或許也可以套用在環狀島上來思考。在一片以往什麼都沒有的海面上，突然出現一顆小小的礁石。**水位**稍微下降後，浮現了幾顆類似的礁石。**水位**再下降一點，開始看得出來它們呈現環狀，是座環礁（圖五）。不久，可以看到礁與礁連接起來。雖然只是個細細的環，一座環狀島就此誕生（圖六）。而**水位**再下降的話，就會變成一塊有廣大面積的環狀島（圖七）。

某種現象做為社會問題漸漸可視化，稱為課題化，這就是課題化的描寫。

比方說，某位曾經是從軍「慰安婦」的人發言了，在她之前或許也曾有人發言，但遭到浪濤聲蓋過了。其他大部分的人不是遭到殺害、健康出問題早逝、就是被迫以自己為恥遭到孤立，發不出聲音。可能因為社會對於性歧視問題或女性人權問題開始有了認識，**水位**稍微下降，所以她微弱的聲音有人聽到了，沒有被**波浪**蓋過。然後，出現了幾個人表示「我也跟她一樣」。彷彿呼應她們似的，協助的人也增多。藉由網路等科技，國際性支援的圈子也擴大。就這樣，**水位**降得更低，環繞原從軍「慰安婦」問題的環狀島的巨大姿態就此得以顯現。

性騷擾和家庭暴力（Domestic Violence，DV；家暴）的課題化也是一樣。一開始受害者被迫於認為只有自己有這樣的境遇而遭到孤立，不過某處出現了一個抵抗的聲音，說「事情並不是這樣的」。一開始發言的人，可能遭到攻擊，再度被擊沉於海中。即使如此，陸續又出現一些發出聲音的人，不久他們開始注意到彼此的存在。「性騷擾」、「家庭暴力」的「命名」，讓他們找到聯繫彼此的方式。提出告訴或是提供手記的人、協助訴訟的團體及自助團體、庇護及關懷中心活動也開始出現。這已經是個不折不扣的環狀島。

但是稍一疏忽，**水位**隨時都可能上升。如果在**重力**和**風**的襲擊下，內側的人被拋向**內海**，外側的人被拋向**外海**，最後沒有人能站在島上，就是加害者的勝利。一切被迫沉默和忘卻，就會變成**完美犯罪**。事實上也真的存在著一些人，會分化站在環狀島上的受害者與協助者，讓他們孤立，採取消耗戰策略，等待他們斷氣。

第三章

環狀島的生成過程：觀察性騷擾官司（一）

無法呼吸，我們吐出黑暗
在我們與自己的影子奮戰的同時
沉默將我們埋葬

——葛洛莉亞・安卓杜雅（Gloria Anzaldua）／管啓次郎譯〈如何馴養野生之舌〉（How to Tame a Wild Tongue）[19]

日本首件性騷擾官司

要思考環狀島的生成過程，和其中的各種作用力：**重力**、**風**、**水位**，有一本耐人尋味的書，就是《再見，原告A子：福岡性騷擾官司手記》(『さらば、原告A子―福岡セクシュアル・ハラスメント裁判手記―』[20])。這本書是一九八九年在日本首件提出性騷擾訴訟的原告晴野真由美（晴野まゆみ），在一九九二年審判勝訴後，第十年出版的書。

晴野將自己受到性騷擾這件事訴諸法律，得到全面勝訴，在雜誌寫下手記，將事件及審判經過的全貌集結出版成書，她可以說是一位極為能言善道的發言者。如果將性騷擾受害描繪成環狀島，應該可說她是位於**山脊**附近的人。

但是，這座環狀島並不是一開始就存在的，她並也不是一直都位於**山脊**附近。由於她的出聲，其他的受害經驗者也開始現身，和一些協助者產生聯結，慢慢才形成了環狀島。但在審判的過程中，她好幾次都在**內斜面**跌落，險些掉入**內海**。在審判後，她甚至開始考慮自殺。當中也牽涉到被告方的言行舉止，不過，在她的描述中，她和自己的律師或協助者之間發生的種種齟齬和因此受到的傷害，對她的影響更甚。我認為像這樣一連串的過程及動向中，鮮明地顯現出環狀島特有的地勢。

受害經過

首先，讓我們先順著時間先後看一下受害的經過。

晴野在快三十歲時進入一家書籍企畫編輯公司，進去大約半年後，開始受到她的上司總編輯關於性方面的惡劣中傷。總編輯說她「晚上玩很兇」、「不結婚，只跟男人玩玩」，還不斷對著她工作上往來的公司及周遭的人、打工的學生散布她的謠言，說她「身邊男人從來沒斷過」。在她做卵巢腫瘤手術的時候，還到處說她是「因為跟男人玩太兇才得了婦科疾病」。她好不容易撐過去投入工作，希望能在工作上有好表現，讓對方閉嘴。結果，她愈是去收拾總編輯的爛攤子，愈是功高震主，工作散漫的總編輯愈對她的能力感到備受威脅，反而變本加厲騷擾她，不斷假造並散布男女關係謠言，像是「跟某人搞婚外情」、「這個女人在男女關係上很隨便」、「她都拿男人的錢跟禮物到處玩樂」。

不久，總編輯抓到晴野婚外情的事實，說：「搞婚外情的女人，留妳在公司對公司不好。還是妳希望大家知道這件事？」以此脅迫她辭職。她找母公司派來的副總商量，副總說：「他是個可悲的傢伙，不過，我得負責把他教育成一個獨當一面的男子漢。」結果還是站在總編輯那一邊。母公司的分公司總經理則是跟她說：「也真的難為妳了，不過這件事妳笑笑就算了。妳也是大人了，一笑置之等事過境遷吧。」最後，職場氣氛惡化，最後副總居然以「吵架的雙方都該罰」這個理由通知她：「從明天開始妳不用來了。妳被解雇了。」而所謂「吵架的雙方都該罰」，總編輯卻只罰三天在家反省。理由是：「女性辭掉工作還有結婚這條路，男人可不行。妳很優秀，但是不懂得給男人面子，下一份工作記得學會給男人面子。」那份工作她做了二年半。

高水位

晴野不服遭到解雇，於是向勞動基準監督局申訴，也試圖用民事調解處理，但看來都沒希望。她試著發出聲音，但她的聲音卻三兩下就幾乎遭到消音。以環狀島為模型，顯示她處在**水位**很高的狀態。有人勸她接受解雇才不會妨礙之後的工作，所以她乖乖簽下自願離職同意書，結果，這樣一來她就無法申訴不當解雇了。調停員是年約六十七、八歲的一男一女，對晴野說：「妳年輕貌美，有人會傳妳的八卦也是沒辦法的事情，其實妳應該覺得高興才對。」「只因為說妳四處玩男人就要控告上司，這也太荒謬了。」結果調停被弄到不成立。到這個地步，她決定以妨害名譽的名義提民事訴訟，請人幫忙介紹女律師。在蒐集證詞的過程中，被迫得知在自己背後被中傷得多麼嚴重，她感到非常驚愕。不過，一提到要打官司，很少人願意出面當證人。有一位女性前同事，在職的時候，一直像家人一樣傾聽她的煩惱，後來卻說：「打官司太恐怖了，拜託放過我吧。」最後甚至連電話都不接了。結果律師說：「如果沒有更多證詞或中傷傳單等物證，連提訴都很難」。

調停委員代表的「一般社會觀念」和「普遍的良知」、對職業婦女權利認識的淺薄、對於在打官司這種非日常世界提供證詞懷抱的排斥與恐懼感、法律門檻之高。在日本連性騷擾這種概念都還不為人知，這就是一九八八年的狀況。

環的形成

不過晴野並沒有放棄。有一天她在報紙上看到有人開了一間專門幫助女性的律師事務所，她就前往拜訪。在這裏，她的眼前終於開了一條提告的路，叫做「對女性工作上的歧視行為」。從這裏開始的動向，顯示出環狀島逐漸形成初期的狀況，非常耐人尋味。

律師建議晴野集結協助者，並且為了這個目的，去接觸女性主義團體。這是為了喚醒一種認識，就是這不是自己一個人的問題，而是全體女性普遍的問題。晴野做了一個問卷調查，詢問女性在職場上受到的性方面的中傷以及性別歧視等實情、以及她們的心情。回收約四十份問卷，每一張都寫著「常被上司碰觸」這種不愉快的經驗，她更深深認識到，自己的受害並不是個人的問題。

在女記者的建議下，她在報紙的女性專用投稿欄寫下受害經過，得到的迴響信件有五十多封。雖然並不是親自打官司，但在**內斜面**開始言語化的受害者、以及在**外斜面**試圖為受害者加油打氣的人就此出現。

不久，晴野在女性月刊雜誌的廣告標題中，找到Sexual Harassment（性騷擾）這些字眼，得知在美國等地已經有訴訟的前例了。她發現性騷擾是個既舊亦新的問題，腦海裏開始思考所謂「老闆碰過的女人」等，跨久遠世代，受到性方面的危害、苟延殘喘至今的女性們。這可說是由於環的形成，進而體認到那些無法發出聲音、被淹沒在**內海**人們的存在。

有趣的是，晴野在審判當中，一直將她在女性史中找到的歷史人物坂井双（坂井フタ〔SAKAI Futa〕）當成精神支柱。坂井是函館遊廓（按：江戶時代的風化區）的遊女（按：賣藝賣身的女性），她一九〇〇年在函館地方法院首次提出「遊女自由廢業權」的訴訟，第一次是敗訴，之後提訴大審院（後來的最高法院），獲得勝訴。當時原本遊女是遭人賣掉受到束縛的，因此不容許依個人意願廢業。坂井提出告訴，表示

「遊女並不是家畜」，這件事廣為全國周知，轉眼間遊女紛紛提出要求自由廢業。不過，在她之後的遊女，很多都遭雇主凌遲（lynch）所逼，必須放棄廢業的念頭。

「我看了一位遊女寫給律師要求撤回告訴的信，眼眶就熱了。大概也沒機會受教育的遊女，用稚拙的文字和句子向律師道歉，說她實在受不了身體上的痛苦了，懇求希望能撤回控訴。想到她的冤屈，真的很心痛。

「在這同時我也對坂井双的決心佩服不已。我也要向她學習。不管發生什麼事，我都要貫徹當初的意志。正因為如此，為了奮戰到底，我絕不軟弱、不退縮。我在心裏下了這個決心。」（《再見，原告A子》頁八九）

對於晴野而言，坂井就像是在環狀島上一起發聲的夥伴、把快要輸給**重力**，沉入**內海**的自己拉住留在**陸地**上的那座燈塔吧。身為遊女卻主張法律權利的坂井双，她的存在，或許也是一個極為重要的榜樣，示範不論如何被塗上性的色彩，也不會將烙印內在化而導致走向自毀，以及讓大家看清「性的雙重標準」壓抑女性聲音的詭計。而我認為，至於對撤回控訴這件事的感受，顯示出她也冷眼認識到從這個社會有可能會襲來個人終究無法抗衡的**巨浪**，而在這同時，她感覺到不只那些正在抗爭的人，自己還跟那些被**波浪**吞噬、無法戰鬥就被推到**內海**的人也是相互連繫的。

晴野在官司結束後，得知有些受害者因為沒有打官司而被責備沒有勇氣，遭到鄙棄，受到很大的衝擊，開始思考，是不是因為自己打官司，似乎強制所有女性受害者「接下來，該妳們上場了」。

她還寫道：「像我一樣，有些人會提告；但是，同時也有一些受害者由於各種原因不提告或無法提告。我覺得並不是提告就是有勇氣，不提告就是沒有勇氣。希望聽到受害情形，旁人可以去貼近她們的心情。」(《再見，原告A子》頁二三〇)

時代背景與水位、波浪

就這樣，在晴野身邊組成了七位律師的律師團和後援團體，就此進入審判程序。全國各地寄來支援的募款，**外斜面**的緩坡面積增廣。時代潮流加速了**水位**的下降。一九七九年聯合國消除對婦女一切形式歧視公約，在日本到一九八五年終於獲得批准，也應用到起訴書上。一九八五年成立的「男女雇用機會均等法」，雖然被評為漏洞百出的竹簍法律，但還是具備了讓大眾認知女性工作權的功效。晴野提訴的一九八九年宇野首相因女性醜聞下台，參議院議員一般選舉的「瑪丹娜旋風」(按：指日本首位女性眾議院議長土井多賀子所領導的社會黨大勝、自民黨慘敗的政治事件。在日本，「瑪丹娜」意指為眾多男性憧憬之女性)、縣市政府及民間起用女性幹部等，成為之前慢慢培育累積出來的女力大爆發的一年。服務女性的法律事務所之誕生、成為晴野拓展人際圈契機的女性新聞記者及女性團體的存在，都是因為有著這樣的時代背景。而「性騷擾」得到那一年的年度新詞和流行語大獎。這可說是一個象徵性的事件，顯示**水位**下降一些，就有多少受害情況浮現出來、僅是提供一個適切的詞語，就能夠讓多少人變得較易從**內海**爬上**浪拍岸**，發出聲音。

即使如此，在審判當中還是必須將**水位**預想在一個較高的位置。實際上，第一位法官，露出「出自漠不關心的面無表情」，被告則是使用「她會哭得很大聲，根本拿她沒辦法」、「被害妄想」、「煽動學生」這些表現，企圖帶給大家原告是個古怪女人的印象，讓大家不相信她。連在證詞當中，都要鋪陳她人格在性方面的中傷，讓她受**巨浪**侵襲，設法讓原告從**內斜面**跌落。大眾媒體一方面讚揚原告不是只會哭著入睡的「勇氣象徵」，一方面卻也說「有必要告到法庭上去嗎？」給她貼上「難搞」、「歇斯底里」的標籤。社會的認識也還差得遠，停留在「會嚷嚷性騷擾的只有那些愚蠢醜陋又歇斯底里的女人」的階段。

與協助者之間的鴻溝

在預想高**水位**的情況下，官司後援會決定了幾個方針。

為了戒備大眾媒體侵犯隱私，打官司要匿名、只接受女性記者的採訪，以及原告不直接接受大眾媒體採訪。另外，為了抹去「一群瘋女人的激進團體」這個負面印象，設定「好形象官司」這個目標，在公審當中不管被告方說什麼，都絕不慌張失去理智，也不在旁聽席奚落倒喝采。

這樣的策略，不管考量到當時的狀況，或是考量到在打官司獲得勝訴意義之重大，都有其無奈之處。實際上，這個官司受到全國的矚目，大眾媒體蜂擁而至，引起很大的騷動。在這樣的環境下，匿名提告，的確達到了保護本人及家人免於性方面中傷或是基於八卦心態的臆測傷害，讓法院能夠公正的深究問題的本質這個目的（《再見，原告A子》頁九七）。不過漸漸的，晴野本身開始覺得自己跟原告A子之間，自己跟協助者之間出現鴻溝。環狀島上方開始吹起了風。

晴野本身並不是要在官司中築起男女對立的構造，所以她其實並不想排除男性記者，要拒絕自己認識記者的採訪也讓她很不好受。不過，她覺得「對後援會提出異議是違反規則的行為」，所以什麼都說不出口。然後，為了讓協助者心安，不至於懷疑「到底官司會繼續打下去嗎？」所以，她在人前極力「扮演」一個堅強客觀的「理想原告」。正因如此，當協助者指著她說「這個人就是什麼都不做的原告」，還有某次集會沒人聯絡她，不管她在或不在都沒有人發現，她都感到很受傷。在公審中，總編輯的朋友永松（化名）站在被告方，說出血口噴人的證詞「原告是個很隨便的女人」、「這個女人很喜歡黃色話題」的時候，旁聽席也沒噓聲、自己的律師也沒有提出抗議。對晴野而言，覺得「好像在眾人環伺的法庭上遭到強姦，大家卻見死不救。」然後，在那之後長達七小時的律師會議中，大家做了各種猜測，甚至有人說：「妳是不是喜歡永松？」還有當她按捺不住，在下一場公審的法庭走廊上，摑了永松一個耳光後，遭到律師團和協助者嚴重苛責，半強制地要求她向永松道歉，這些事都讓晴野的心裏深深留下傷痕。

為期二年八個月在法庭抗戰，最終訴訟得到全面勝訴。一方面因為被告方律師團團長把批評原告的手記刊登在雜誌上，晴野也接受了男性週刊雜誌的委託，答應寫手記，結果遭到協助者強烈的反對。雖然她不顧反對，甚至是在腦海盤算著自殺的情況下寫手記，卻立刻遭到己方律師團團長的報復，終止提出對被告方律師團團長的訴訟狀。後援會緊急追加發行新聞稿譴責原告，還有流言說她寫手記是為了得到出版社的工作。大家表現出一副「賠償金全部捐給支援團體也是理所當然」的態度。在後援會編輯書籍的出版發表會上充滿尷尬的氣氛，而在續攤會上則遭到大家說她「背叛大家」的集中砲火攻擊。就這樣，跟協助者之間產生關鍵的決裂，她雖然同時眼前還有自己尚未解決的問題，不久之後，還是公開了自己的真實姓名，決定用自己的話語寫出官司的來龍去脈。

風：一般見解

不限於官司的支援活動，在社會運動中當事者和協助者之間發生糾葛、對立、互相傷害的現象並不稀奇。甚至可以說，是必然發生的問題，只差在程度深淺而已；沒有**風**，才是異常現象。

我們先用一般見解來思考。首先，「我來協助你・請你協助我」這樣的連結方式，會帶來一種微妙的權力關係。當事者一定會覺得矮人一截，或對於對方有所虧欠；協助的那一方，也會在內心某處萌生「我是為了你在做這些事」的意識。當中應該也會出現一些人，露骨地賣人情，或是表現得自我犧牲，藉此試圖暗中控制當事者。如果雙方在彼此不去意識這件事的情況下進行活動，當事者往往會漸漸變得無法說出原本赤裸的心情或真心話。正因為彼此並非契約關係，如何維持互不相欠的互酬性，應該會是從事社會運動之際重要的課題。否則，可能會導致產生一種彼此「遭到對方利用而已」的被壓榨感。

再來，還有同一化的問題。協助者有協助者特別重視的事物，協助者將自己的想法假託在當事者身上。主張這是自己的問題，跟當事者同一化。相反的，當事者也會跟協助者同一化，認為「既然你們有相同的經驗和煩惱、趕來協助我，那一定能了解我的心情。」但是，協助者形形色色、協助的理由和目的也因人而異。在協助者當中，應該有不少有受害體驗的倖存者，但他們的體驗應該也是各自不同的。其中或許有人受害比當事者更嚴重，也應該有人對於自己的受害經驗，內心還停留在否認的階段，或置之不理。可能有人在參加活動當中，遇到一些瑣事，會喚醒他血淋淋的記憶或激烈的情感，這些也有可能就會被發洩到當事者身上去。看著當事者受到協助或矚目，也許會產生嫉妒的情緒。

當事者和協助者雖然有某些共通點，也有各種差異。但是，一個團體愈是重視團結一致，愈是重視大家是平等夥伴這件事，差異就遭到愈大的壓抑。微妙的溫差會帶來嚴重的對立，當你把差異表現出來，就會有人做出像「背叛」、「叛逆」這種激烈的責難。在社會運動中之所以常發生內訌或內部分裂，當然一方面也是因為想擊潰該運動的一方或許也會在這上面做文章，另一方面，其實可說是社會運動團體的「同一化幻想」必然的產物。

第三，受害者和協助者不斷受到加害者及缺乏理解的社會攻擊。

就算實際上的攻擊不是很猛烈，因為會喚醒過去的記憶，難以啟齒的景象歷歷在目，加上對其他人的不信任感已經深植心中，受害者（然後雖然有程度上的差別，不過協助者也）總是置身於威脅及恐懼感之中。但加害者並不在場，在場的只有受害者與協助者。原本對加害者的憤怒和焦慮，受害者將它發洩在協助者身上，或是協助者發洩在受害者身上，是隨處可見的情景。有時候，協助者不小心用了稍微高姿態的說話方式，就會引發受害者在受害當時的瞬間重歷其境。加害者的攻擊造成的傷害，協助者理解得不夠透徹的時候，受害者在孤立感和絕望感的打擊下，可能會對協助者的言行舉止做出激烈的反應。但是，要協助者百分之百理解受害者的恐懼及受害情緒，終究是不可能的事情。對於受害者而言，「事過」並未「境遷」，對於沒有受害經驗的協助者而言，要實際感受並理解這件事並不容易。就算有受害經驗，基於微妙的差異反而更覺得怪異，或者過度深入當事者的情緒，導致無法控制自己的感情。

第四，運動有具體的目標。有時候是在官司中獲得勝訴、有時候是獲得某種權利、有時候是阻止調查或阻止基地的建設工程。看是只重視運動的這些具體目標，還是重視過程中個人的自我成長、培力（empowerment；按：這裏是指給予力量和勇氣，並且培養獨立思考的能力，另譯為賦權）和療癒等，當事者和協助者的關係也會受到這些影響。另外，具體目標沒有達成時會怎樣，也就是到底目前被逼迫到什麼程度，也有關聯。愈是不能讓步的嚴峻抗爭，愈要求一致團結或百分之百的涉入，要求捨棄跟社會運動無關的其他自我屬性，自由受到限制的可能性也會變大。在游刃有餘的時候還能夠一笑置之的「脫軌」或「差異」，也有可能被視為帶來可怕危險的「背叛行為」。或許可說這是戰爭體制、緊急狀況、戒嚴時期的心理狀態。

風：晴野的案例

在晴野真由美的官司案例，也符合所有這些情形。

關於第一項微妙的權力關係，原告在經濟上沒有餘裕，是由後援會利用會費或募款來調度資金，律師團也都是無酬勞奉獻或是投資了許多勞力、時間和專業能力，這件事影響甚鉅。乍看似乎是對等的夥伴關係中，原告的虧欠感和小心翼翼應該很強烈。而從原告的官司演變成「我們的官司」，這個趨勢應該也是無人能阻擋的吧。

後援會成員比原告「在關於女性問題或人權問題上更有見識」這個雙方的共識，也造成「我教妳・請妳教我」（傳授與受教）這種權力關係。不僅如此，由於擔憂大眾媒體的猜測或中傷，再加上了一層「我保護妳・請妳保護我」（保護和受保護）的關係。後來晴野把勝訴得到的賠償金全部分配給協助團體，自己沒有留下一毛，甚至覺得一部分是「斷絕關係費」，也顯示出她多麼渴望逃脫那種微妙的權力關係。

關於第二點同一化，將後援會的活動目的訂為「一、協助原告，達成勝訴」和「二、向社會訴求職場性騷擾是所有職業婦女的問題，創造女性能帶著尊嚴工作的環境」，把這二項並列為彷彿輕易就能同時並重（對抗職場性騷擾官司支援會編《職場的「常識」將會改變：福岡性騷擾官司》[21]；甲野乙子《毋需懊悔也不必羞愧：京大矢野教授事件之告發》（『悔やむことも恥じることもなく——京大・矢野教授事件の告発』）[22]）的這一點非常重要。不管哪一個目的，都受到同一化的力量作用，但其方向性不同，回到原點，是個人的官司還是「我們的官司」，代理人的角色也會不同。即使「目標並未放在全體團結一致」（《再見，原告A子》頁一四六），只要它是「我們的官司」，原告的性格和感情就不得不受到某種程度的壓抑。

特別是在官司當中控訴的內容，一方面是挑戰以往社會「常識」的觀念，同時為了打贏官司，又必須有一定程度的妥協、配合現有「常識」，對全體人員設下「好形象官司」這個限制造成了很大的影響。就算「好形象官司」能夠避開歇斯底里這種負面的女性形象，它仍舊造成對原告感情的壓抑，以「清廉無辜」這個理想的受害者形象為第一順位。協助者「為那樣的男性週刊雜誌寫文章，會讓我們好不容易打的這場官司遭到玷污」的發言，其實也可以說在某種意義上是受限於性的禁忌意識。對於這種對大眾媒體做階級區隔的歧視意識，對於自己本身是「在社會上信用度較低的自由作家」的晴野而言，當然是很難接受的。

第三，加害者或社會的攻擊轉化成受害者和協助者之間糾葛的現象，這件官司也符合。被告方惡劣的證詞深深傷害到晴野，而在她覺得這個傷痛得不到任何人理解的那個當下，是最讓她深切感受到和協助者之間的鴻溝、並深受打擊。關於這一點，協助者之後也有反省。（《再見，原告A子》頁六八、頁一四六）。面對做惡劣證詞、血口噴人的永松，晴野賞他一個耳光以發洩自己的情緒（在某種意義上是正確的方向性）。但是這個行為卻招來協助者對當事者的責難和強制賠罪，在跟加害者無關的地方，成為破壞當事者和協助者之間信賴關係的風，產生作用力。

第四，重視目標達成還是重視過程這一點，一開始大家都覺得這場官司勝算很小，不過，它受到的矚目度之高、來自全國協助者的期待之殷切、還有花費勞力之多等，都讓律師團和後援會非贏不可的念頭愈來愈強烈吧。然後她們想到，如果這場官司打輸了，不知道未來女性們還要被迫繼續承受多少艱苦，甚至覺得很惶恐不安吧。不可否認，為此，她們對掌握成敗關鍵的原告言行舉止的控制，也相對變得嚴格。當然協助者本身花費許多時間在這場殘酷的戰爭上，過程中無疑也受到各種傷害、和周遭的人之間發生許多摩擦。不難想像，光是要統整大規模律師團和後援會堅持到最後一刻，就是一項多麼艱鉅的任務。

就像這樣，各種條件產生作用，風穿梭在當事者與協助者之間。或許可以說，這場官司，正因為是在史無前例情況下的摸索探路，聚集了各種容易起風的條件。特別在日本，當時對性暴力受害者的協助才剛起步，這個時期，不但大家對於事件過後受害者的心理反應還幾乎一無所知，對於協助者方的傷痛等更是毫無認知。

慢慢的，這些事情有人理解，也逐漸活用到之後的協助活動中。在這當中，受害者協助與社會運動被切割看待，大家逐漸認識到，受害者沒有必要為了社會運動而犧牲。不僅是事件本身，對於審判過程帶給受害者的心理負擔之大，也有更深切的理解。像是協助者介入受害者與律師團之間，或是安排擔任諮商的角色等具體的實作技巧（know-how）也漸漸累積起來，運用在之後的校園性騷擾官司協助上（拒絕性暴力婦女之會編《倖存者手冊：性暴力受害復原的線索》（『サバイバーズ・ハンドブック——性暴力被害回復への手がかり』[23]）。

這些理解，無疑也啟發了其他官司協助運動或社會運動。原本內部的分裂、比較或排除等稱之為「內訌」的現象，是「不可以讓它發生的」、是該運動的缺點，但我認為，大家應該從這種觀點被解放出來。社會及加害者加諸的攻擊與壓力，容易轉化成當事者與協助者間的糾葛，最後演變成互相傷害，這一點我們不能忘記。在當事者與協助者對立時、發生內訌時，不是只認為原因在雙方，只歸咎於內部相關人士，而是去分析在什麼形狀的環狀島上，各自被迫站在哪個位置，如此，應該就能幫助大家重新將憤怒和抗議的方向性，重新正確指向加害者或漠不關心的旁觀者。試著分析原告是一個人的時候和複數的時候有什麼不同，在集體提訴的時候又會如何發展，也會很耐人尋味。

另外，如此一來，也能帶來思考一些問題的契機，像是社會運動的型態，從以往的團結一致型逐漸演變成重視參加者的多樣性及個人的多層性，在連結上較有彈性的網絡型這件事本身，如此的變化帶來的優缺點，以及運動和自我認同型態的關係。

島

晴野所經歷的當事者與協助者之間的糾葛，前面用**風**進行了分析，不過，用**島**的比喻，可以獲得新的視角。倘若僅限於這場官司設想一座**島**，應該會變成一座沒有**內海**、以原告晴野為中心的圓錐狀**島**吧。至少晴野當時是這麼想的，也做了這樣的心理建設。只要官司的內容是為她的體驗而抗爭的場所，那就不存在任何其他的可能性。但是，對協助者而言，卻是「我們的官司」。可以說，那裏設想的是一座人人平等、能夠用同樣的音量說出同樣的意見的、表面平坦像蛋糕狀的**島**吧。在匿名官司中，晴野雖然是原告，卻要用後援會一分子的身分參加活動。不管她位於平面的哪一個位置，是一種甚至連消失了也不顯眼的存在。原告「女性全體的象徵A子」，應該可以說，充其量就是裝飾在蛋糕正中央的草莓吧。晴野自己用了「裝入神轎被人抬著走那般的存在」、「傀儡」的表現。當然，正因為這場官司的**島**是圓錐島，中心的原告如果遭到擊潰，就會變成環狀島。原告如果被擊潰沉到**內海**裏，官司本身就無法成立了。或許協助者這一方可以說，正因如此，才要讓它變成蛋糕狀的**島**。在官司結束後，對抗職場性騷擾官司後援會編輯《職場的「常識」將會改變：福岡性騷擾官司》這本書，結構也完全是一座蛋糕狀的**島**。

但當在細讀《再見，原告A子》當中，我漸漸開始看到另一座環狀島淡淡的影子。原本我舉出這本書，就是為了表達環狀島逐漸形成的過程，詳細分析吹襲環狀島其中一種**風**、當事者與協助者之間發生的糾葛、還有思考像晴野這樣「能言善道的發言者」誕生的條件。但是如果設想的是另一座環狀島，晴野就未必是站在**山脊**附近的「能言善道的發言者」了。

第四章

複數的環狀島：觀察性騷擾官司（二）

我不會再允許別人讓我覺得自己的存在是一種羞恥。印地安人的聲音、西班牙文的聲音、白色的聲音（white voice）。我擁有我的蛇之舌、誘惑的詞藻——擁有我身為女人的聲音，性的聲音、詩人的聲音。我將戰勝沉默的傳統。

——葛洛莉亞・安卓杜雅（Gloria Anzaldua）〈如何馴養野生之舌〉24

別的島影

日本最早的性騷擾官司原告晴野真由美，在性騷擾受害的環狀島中，是一位存在於**山脊**附近的**能言善道的發言者**。

但是如果重新以創傷的觀點去閱讀她的手記《再見，原告A子：福岡性騷擾官司手記》，就會依稀浮現另一個不同的島影。在那個島上，她絕不是一個能言善道的存在，甚至彷彿好不容易才剛從**浪拍岸**逃脫出來似的。

對晴野而言，最深的創傷為何？是什麼樣的事件把她拽回過去，引起創傷症狀的？是什麼樣的言詞讓她彷彿傷口再度受到利刃的剜割、甚至病倒？是什麼樣的記憶讓她失去符合邏輯的言詞、被捲入混亂當中？

如果要用這些面向去分析手記，對於晴野而言的創傷，比起官司中的被告總編輯樋口（化名）施加的性騷擾，還有身為總編輯的朋友、經常出入他們公司的永松施加一連串的性暴力（包括輪姦未遂）更嚴重。此外，晴野事後才得知，雜誌廣告主之一、有一段時間跟晴野處於戀愛關係的安岡，跟總編輯和永松其實是「哥兒們」的事實，可想而知也影響甚巨。晴野記述自己在遭到解雇後的狀態，表示「這三個男人原來一直把我視為『性的玩物』。這一點，在我心裏造成很深的傷口，久久不癒」（《再見，原告A子》頁六四）。

在此我們暫且將前者稱為「永松造成的傷」，後者稱為「安岡造成的傷」，其實即使在晴野的手記當中，關於這些事件的描寫是支離破碎的，日期時間也無法特定，還穿插著類似瞬間重歷其境的部分，導致是過去還是當下發生的事，難以區別。我靠著自己多次反覆閱讀手記，再對照審判紀錄等（刊載於對抗職場性騷擾官司支援會編《職場的「常識」將會改變：福岡性騷擾官司》〔『職場の「常識」が変わる——福岡セクシュアル・ハラスメント裁判』〕[25]），依照發生順序整理，下列受害內容才終於呈現出來。

晴野進入公司差不多半年後，永松也開始出入公司，在晴野單獨在辦公室的時候，總是用色瞇瞇的眼光看她說：「妳身材真性感啊！」或是在狹窄的茶水間故意用身體頂她。但是他是個擅長拉攏別人的人，不但加入了編輯企畫，也很受員工跟學生信賴。晴野雖然討厭這個人，但在工作上也當他是個「工作能力很強的人」而仰賴他。在永松設立新辦公室後，晴野暫時借住那邊幫忙處理夜間業務，讓利益流向經營困難的自家公司。有一次，大家在這間辦公室進行尾牙的續攤（二次會），永松試圖教唆進出辦公室的學生們性侵晴野（《再見，原告A子》頁一五七、頁一六七—一六八），晴野手持菜刀保護自己，大聲喊叫，才好不容易逃脫。她決定不繼續在永松的辦公室幫忙，「給這件事貼上封條」。雖然「內容不便詳述」，但晴野也得知，後來永松對別的女性有猥褻行為（另外，在官司開始後，前同事有提供晴野永松偷拍的錄影帶，做為「揭發永松人格的證據」）。

在一年半後的一九八八年五月，當時已轉調到東京工作的永松跟晴野聯絡，結果永松、前同事跟晴野三個人約了見面。在這個時候，永松告訴晴野，總編輯找他商量，想以晴野搞婚外情為由讓晴野辭職、告訴總編輯晴野和安岡婚外情關係的就是永松。還有，原本在晴野進公司以後，總編輯、永松和安岡三個人就開玩笑說要看三個人當中誰能「把」得到晴野、安岡向永松報告他已經「上了」晴野等。晴野「幾乎處於精神錯亂」的狀態，對永松大發脾氣，但之後喝得太醉失去意識，永松送她回家，結果進了她家想侵犯她，晴野逃出來，找了一塊空地等時間過去，好不容易逃過一劫（前書頁四四－四七頁）。

永松的性暴力，跟官司中被控訴的性騷擾受害內容也相互牽扯得很複雜，也可以說就是其中一部分。但是因為他並非公司員工，無法成為被告，在審判紀錄中只不過是以「訴外人E」的身分出現。（刊載於《職場的「常識」將會改變》）

此外，永松的行為本身，可說符合強制猥褻罪、輪姦（集體性侵）未遂罪等。但在日本（遺憾的是在海外許多國家也是如此）關於強姦受害的法律門檻非常高，尤其在一九八〇年代更不用說。屬於告訴乃論的強姦罪，控告期間僅限於事件發生後半年內（在二〇〇〇年終於廢除），在沒有留下反抗證據的情況下，「強姦罪」當時是不成立的（遺憾的是，現在還是有一部分殘存）。至於「熟識者性侵」（non-stranger rape或acquaintance rape），受害者很難提出告訴，就算提出，能夠起訴或判定有罪的可能性，不管當時或現在都非常少。剛遭到解雇時的晴野，也考慮過向勞動基準監督局申訴或以誹謗控告總編輯，但她的記述是：「我找不到控告永松的根據。至少，要拿色瞇瞇眼光或身體觸碰這些事實來控告他，連我自己都覺得不可能。」在律師團和後援會之間，應該也沒有控訴永松的提案吧。

正如前章詳述，公審中永松的被告方證詞嚴重傷害到晴野，律師團對此沒有提出抗議，更是落井下石。之後晴野在法庭走廊上摑永松一個耳光的行為，進一步加深了她與律師團及後援會之間的鴻溝。但是在背後有這樣的來龍去脈埋下的「伏筆」。

如果永松的行為沒有被當成單純的「來龍去脈」、「伏筆」，而是在審判中遭到問罪，情況會如何呢？律師團應該馬上就會提出抗議，而晴野的摑掌行為就算不被認可，至少應該也不會被迫向永松賠罪。更別說絕對不可能有人在律師團會議當中問晴野：「妳是不是喜歡永松？」

晴野事件是以性騷擾的形式課題化的，但理論上也有可能將焦點放在永松的迫害上，以「熟識者性侵」加以課題化。「熟識者性侵」一詞，已經有人將之概念化，加以分析[26]。根據統計，性侵受害多來自認識的人，即使加害者是受害者認識的人，恐懼感和精神上的傷害並不會因此減低。而僅因為加害者是受害者認識的人，就很難被視為性侵，有人開始對這樣的現狀抱持疑問，進而分析其理由。

只是，「熟識者性侵」這個概念，即使到現在在日本都還沒有充分為人所知。當對方是認識的人，通常會被認為不會留下太嚴重的創傷，而受害者也為環境所逼，誤以為不能稱之為「性侵」。一旦試圖提出告訴，受害者的言行就會遭到刺探猜測，很容易被解釋為要設計對方落入陷阱似的。晴野當時也是，應該不知道「熟識者性侵」這個概念，就算知道，要用這個理由告他，一定會遭到嚴重的責難、抗議和反擊，指責她「為什麼要住進永松的辦公室」、「為什麼要跟他一起去喝酒，而且還喝得爛醉」，無法像「性騷擾」那樣得到大家的共鳴吧。在「熟識者性侵」這個觀點上，晴野的聲音會充滿躊躇且不完整，應該在環狀島浮現之前，就輕易遭到**波浪**吞噬而消失吧。

另一個島影

還有一個是「安岡造成的傷」。晴野關於自己和安岡關係的記述是：「這段在半強迫之下開始的關係，讓我苦惱又受傷，最後以被拋棄的形式結束。我不知為這段關係受了多少折磨。另一方面也是為了忘記這個創傷，我才更埋首於工作當中。」（《再見，原告A子》頁三五—三六）這裏透露出一開始是接近性侵的情況。但是，之後她跟對方演變成戀愛、外遇的關係，如此一來，不管在任何脈絡中，主張自己受害，都會被認為豈有此理。晴野本身關於「安岡造成的傷」並未試圖責備或控告任何人。

不過，她被「哥兒們三人組」這些男人在遊戲中當成「獵物」，自己卻渾然不覺，跟強行逼迫她的「遊戲贏家」陷入外遇關係。此外，自己一時懷抱戀愛感情的對象，事後被告知居然是這樣的人，我們不難想像這一連串的事件會帶給她多麼嚴重的創傷（關於「事後作用」，參考自宮地尚子〈血液製劑輸注感染之愛滋病（藥害愛滋）與告知〉，刊載於《創傷的醫療人類學》[27]）。但是卻沒有任何言詞可以正確表達這一連串的事件，也沒有適切的概念或言詞能夠表達因此受到的傷害。來自總編輯和公司的一連串受害，被賦予「性騷擾」的名稱，得以活用。而來自永松的一連串受害，則雖然沒有被活用，但存在「熟識者性侵」這個概念。從跟安岡的關係衍生出來的一連串事件，晴野也用了「被當成給贊助商的禮品」、「性的玩物」這些用詞，或許可以套用女性主義理論中的「同性社交的祭品」這個表現（賽菊寇〔Eve Kosofsky Sedgwick〕著，上原早苗、龜澤美由紀合譯《男人間的情誼：英國文學與同性友誼式的欲望》〔*Between Men: English Literature and Male Homosocial Desire*〕[28]），但欠缺涵蓋性且不易懂。

尚未概念化、也沒有名稱的問題，無法在社會上課題化，環狀島也很難浮現出來（不過在此想指出一點，就是即使沒有概念或名稱，在協助者當中一定有人是因為受過類似的迫害而前來支援的，今後依舊有課題化的可能性）。

另外需要說明的是，我並不是想說「安岡造成的傷」才是晴野心底深處最嚴重的創傷、才是真正的創傷，也不是想對她的隱私做推敲臆測。在手記當中並沒有與安岡關係的詳細敘述。雖然愈深的創傷愈難化為言語，但並不能反推，所以沒有記述就表示創傷很深。記述很少，也可能代表她判斷這些事不重要、或是公司還沒有能力接受。在手記當中，她把永松誤寫成「安永」（《再見，原告A子》頁一八二），針對這一點，會讓人忍不住想做佛洛伊德式的解釋，不過也可能只是單純的校稿失誤。原本要記述所有的事就是不可能的，手記中沒寫的痛苦事件和傷害等，應該另外也還有好幾件。費盡氣力才將難以啟齒的事化為文字或言語，即使支離破碎也還勉強能夠傳達給別人知道的，就是「安岡造成的傷」。我們也可以換個角度審視則件事，對晴野而言，在環狀島的**山脊**部分是性騷擾問題，而**內斜面**中間一帶是「永松造成的傷」。此外，「安岡造成的傷」則位於**內斜面**和**浪拍岸**附近。如此看來，假設還有一些什麼是沉在**內海**當中的，也非常合理。或許還有更深的傷是我們看不見的。但沒有必要因此硬要挖出看看裏面是什麼，這樣的舉動才是不必要的推敲臆測。只要總是記住，或許還有一些事是沒被寫出來的，並尊重對方沒有寫的這個選擇，就足夠了。

無數的環狀島

在性騷擾這個大環狀島的另一側，我們開始可以看見二座朦朧的島影。不過，島未必一定限於二座。比方說，在一連串性騷擾當中，我們也可以著眼在晴野因為動卵巢腫瘤手術而遭到總編輯誹謗中傷這一點，將問題特定為「對罹患婦科疾病婦女施加的精神暴力」來設想環狀島。乍看之下或許有些唐突，但聽到這些誹謗重傷，晴野寫道：「好像臉上突然被橫掃一拳般的痛楚和驚嚇。整顆心充滿了與其說是憤怒，不如說是悲哀的感覺，眼前一片黑暗，連抗議的詞語都找不到。」

「腦海浮現怒髮衝天這個表現。真的是全身的血都倒流了。自己居然遭人貶低成這樣。怒火中燒，彷彿鎖喉般痛苦不堪。」而同樣的傷害，最近在其他書籍中也紛紛提到（例如松原惠・大島壽美子《當我被宣告罹患子宮、卵巢癌》〔『子宮・卵巣がんと告げられたとき』〕[29]）。以往大家被迫將對婦科疾病的羞恥意識內在化，一直以來，女性們即使受傷也無法出聲，現在她們的聲音終於漸漸浮現出來，我們或許可以視晴野為其先驅。

此外，在本書並未加以分析，但晴野也在手記中處處提到職場上總編輯和永松他們的「財務造假嫌疑」，可以看出，她發現造假而開始追查，最後導致她遭到解雇。如果著眼在這一點上，就「舉發造假導致解雇」這個問題，將晴野的受害「課題化」，來設想環狀島（雖然可能愈發感覺唐突）也並非不可能。應該有不少人也有類似的經驗，因為發現上司的造假並試圖匡正，結果遭到公司檯面上找了個其他的好藉口趕出去。對晴野而言，當初也可能選擇跟這些人結交。

原本就晴野的事件而言，也可以說從初期開始就已經描繪出好幾座環狀島。晴野的律師團集結了各自關注焦點不同的人群，像是「女性歧視」、「人權問題」、「工作條件問題」等（《再見，原告A子》頁一六一）。後援會參加者應該就更為多樣化了。他們應該以各種形式（例如「同樣身為女人」、「同樣身為性騷擾受害者」、

「同樣身為小企業雇員」等），進行了己身與原告的部分同一化。透過這樣的連結在腦海中描繪出來的環狀島，也就會有「女性歧視」的環狀島、「人權問題」的環狀島、「工作條件問題」的環狀島、「小企業工作環境問題」的環狀島，參加成員各自不同。而也可以說，晴野跟其中某個成員之間結下的關係，也會因腦海中描繪的環狀島，有時是同為受害者，有時是受害者與旁觀者的關係，各自不同。

人有非常多面，經驗也是多層的。不論何時都是如此。不管是怎樣的體驗，因聚焦的方式、切入點、稱呼的方式不同，會有非常多種課題化的方法。而個別浮現出的環狀島，形狀也不同。而根據不同的島，大家的位置關係也會產生變化。誰是當事者、誰不是、要把誰當成共有受害體驗的夥伴，攜手前進。提到沉沒在**內海**的人，會想起或設定為哪些人、怎樣的人有可能成為協助者、實際上是否會實現；跟誰能夠「並肩作戰」、又會把誰視為「無法並肩作戰」的敵人，這些全都會有所不同。

不論是一個人的體驗、或是針對一件事，都可能設想出複數的環狀島，這個發現，對我而言也始料未及，讓我十分驚訝。我認為這個發現可以帶來各種想法的轉換，我會在下一章接合「複合歧視」論（上野千鶴子〈複合歧視論〉[30]）與「複合性身分認同」論（鄭暎惠〈超越身分認同〉[31]或刊載於《齊唱〈人民萬歲〉》）展開論述。一直以來，我以為民族及社會性別等，綜合了複數歧視與傷害的「複合歧視」、「複合性身分認同」等問題無法完全適用於環狀島，看來並非如此。比方說，思考民族弱勢群體女性的創傷時，描繪出民族歧視的環狀島和女性歧視的環狀島，試圖把二座島疊合也無法順利分析。不過，如果針對一個人的體驗，可以設想成複數的環狀島，那麼只要分別試著想像「民族歧視的環狀島」、「女性歧視的環狀島」和「民族弱勢群體女性的環狀島」就好了。雖然原本並不是所有問題都必須仰仗環狀島概念來解決、整理，不過我有預感，只要能設想得到，那麼自由嘗試描繪所能想到所有數量的環狀島，會是有幫助的。

在這種情況下，藉由描繪不同的環狀島，個人與個人間的關係性也會有所變化，例如同為受害者，或一方為受害者而另一人是旁觀者等。這樣的發現，在思考位置關係或是位置性（／社會位置）問題時，會變得非常重要（參考第七章）。此外，在思考「矇混過關」（passing；在性別領域中，意指「通過轉變」，變性者接受手術並且安全經歷過渡期之後，以新的性別角色在社會上受人接納。引申為少數族群隱藏弱勢身分，偽裝成多數族群在社會上求生，以避免遭人歧視或不利於己的狀況；另譯為「矇混性別」）的問題（詳見第十章，頁一八九）或是在人際關係上的「體貼」，也必定能夠展開我們思考的雙翼。

受害者成為能言善道發言者的條件

那麼，受害內容既嚴重又複雜、社會上又處於**高水位**狀態、加上和協助者之間吹著狂**風**，為什麼晴野還能持續發出聲音呢？依照環狀島的「法則」，受害嚴重到這種程度，應該大多數人都會發不出聲音來，那麼，造成她和其他人不同的是什麼？我想整理一下她之所以例外成為能言善道發言者的條件。

首先是發言人本身的資質。晴野可以列出來的，包括她自己說的「倔強、好勝」、「性格激烈」、「堅強」這些個性上的特質，加上重視勤勉的價值觀，體認到「自己受到的迫害並不是自己一個人的問題」、「為了接下來五年、十年後的人」這種捨我其誰的使命感、還有堅持身為一個「自立的原告」去戰鬥的自我要求目標。對自我要求這個目標的強烈堅持，雖然後來是造成和協助者之間鴻溝的其中一個原因，但最初要不是有這樣的目標，一定無法踏上打官司之路。

再者，還可以列出她具備了健全的自我尊重感，認為「絕對不能眼睜睜地看著自己的存在價值遭到玷污，卻只能哭著入睡」。這樣的自我尊重感，激起了她「不但身為女性的人格遭到貶低，更被剝奪工作權利的憤怒」，而這憤怒應該可以說正是打這場官司的原動力。在遭到解雇後，還是有公司的人介紹工作給她，這件事也讓她繼續保有職業婦女的自信。「正因為一直以來在工作崗位上都盡心盡力，所以轉為自由工作者之後，也能獲得大家的信任」。正因為她得以不斷確認自己並不是「隨隨便便的人」，所以才「說什麼都無法放棄」、「無法忍氣吞聲」，沒有接受解雇，也沒有被調停委員惡劣的態度擊潰，能夠繼續堅強抗爭下去。

還有一個重要的因素是，她一直都沒有真正陷入孤立的狀態。她的人際關係能力很強，在職場上遭遇性騷擾的期間，同事也有人站在她那一邊，母親也很支持她。要打官司時，雖然周遭的人一個個都拒絕作證，但最清楚狀況的女性前同事還是幫忙作證了。如果連那位女同事都拒絕了，會奪去晴野信任他人的能力，那麼別說打官司了，或許她會連繼續活下去都有困難。

雖然之後他們之間產生分裂，但和協助者之間的連結依舊是很重要的。一開始接觸後援會時的晴野，「永松造成的傷」和「安岡造成的傷」還處於血淋淋的狀態，她害怕會被批評是自己給人趁虛而入的機會，或是說有婚外情經驗、不是「貞節無瑕」的女人，沒有資格控訴身為女人的受害情事，於是約好要在團體集會中跟大家談談，卻臨陣脫逃。而晴野本人和後援會的人的記述都提到，後來，晴野第一次談這件事的時候，內容也十分混亂，內容沒有整理過，沒有條理。這也可說是身處**浪拍岸**時發言的特徵，就像在電影《浩劫》（*Shoah*）中重要的證言人、也是海烏姆諾滅絕營（Chelmno extermination camp）唯一生還者西蒙・斯瑞伯尼克（Simon Srebnik），第一次見到克勞德・朗茲曼（Claude Lanzmann）導演時，「連話都沒辦法好好說」的情節一樣。而我覺得這也顯示出呼籲和回應的重要、傾聽者的存在、適合傾聽的場合及空間等，在發言上有多麼不可或缺。

另外，與協助者的連結，不但滿足了經濟面的條件，像是官司的準備沒有酬勞、訴訟費用的調度則來自全國捐款等，同時，也提供了新知識。對於原本「只是模糊感覺討厭這種男尊女卑的狀況，但對於性別偏見（gender bias）帶來的歧視其實並無自覺」的晴野而言，要是不知道女性主義理論、特別是對「寬以待男，嚴以律女」這種「性別上的雙重標準」詭計、沒有得知坂井双這個歷史人物當成角色楷模、精神支柱，她一定無法將這場官司打到最後。

時代變遷與社會環境，也為晴野帶來好運。國際上女權運動這個時代潮流，不僅為晴野的官司提供了性騷擾法理上的基礎，也關係到晴野在步入法庭前，每一個關鍵時刻遇到的女記者、女律師和女性團體的存在。

此外，晴野一直以來都在社會上工作，這一點也很重要。訴諸民事調解、找律師需要的知識、資訊蒐集能力、行動力等，都是在工作中培養出來的。而且晴野從事的是仰賴文筆的工作。她對自己的工作有責任感和自負、相信文字的力量、以自己的語言傾訴的欲望、用語言表現自己的自信、也相信讀者當中一定有人會理解她、還肩負了專業文字工作者的責任感和決心，這些特質的意義之重大，是難以衡量的。當官司結束後，不顧後援會的反對，把手記刊登在男性週刊雜誌上時，她寫道：「我是個寫手。身為一個文字工作者，我想要坦誠表達我的想法。就算有很多人只是抱著看熱鬧心態閱讀我的文章，應該也有人並非如此。就算只有一兩位男性讀者也好，我還是想把我的心情說給他們聽。」公審中，在對被告進行反詰問的最後，原告得到特例許可，可以親自問一個問題。她提出的問題是：「能否請您說明一下，您是如何看待新聞工作者對事件或事實應該用自己的眼睛確認的這種責任、特別是對您自己發言的責任？」看在周遭眼裏，這似乎是一個與事件無關的問題。不過，被告在慌亂中回答得語無倫次，對此，晴野感到「這已經強調了他對於言詞是如何缺乏責任感。我想我已經用我自己的方式給了他致命的一擊。」我們可以說，由此可見她本身是多麼注重言詞。

能言善道的相對性

不過，就像前面談過的，一個人的「能言善道」並不是絕對的。問題課題化的方式、身處的狀況和時期等，都會大大左右能言善道的程度。造成創傷的事由，和在司法相關場合能夠說出口的言詞之間，必定會有差距。必須直接處理性這種形式下的課題化，以及被視為「私生活」領域問題的課題化，會讓受害者難以表達心聲。當受害者與加害者處於親密關係，有時（像晴野是在婚外情這一點上）甚至帶有「共犯性質」的情況，也就是當「純粹的受害者性質」被剝奪的情況下，則會更加難以開口。而不論多麼能言善道的人，也無法道盡一切。永遠有一些話是沒有傾訴，或是無法傾訴。

這樣看來，造成晴野能言善道最大的原因，或許可說是得知「性騷擾」這個概念。用「性騷擾」這個角度來審視，有一個優點，是可以處理跟性相關的問題，卻不需要跟性本身正面衝突。可以用侵害「工作權」或是「雇用上的性別歧視」等字眼來取代受害內容，而這些字眼也較容易套用於原本法律的架構。此外，「性騷擾」這個詞，語感程度較輕，就算有性方面的受害，也會帶給人較不嚴重的印象，因此，加諸受害者身上的烙印也輕微，能夠幫助受害者比較容易發言。畫成環狀島的話，應該就是**內海**比較小的狀況。在晴野的案例上，的確有可能畫出複數環狀島，不過，不容置疑的是，終究還是因為能夠以「性騷擾」這個觀點切入，她的訴求才會成為契機，在日後漸漸形成一座大型環狀島。

或許可以說，不從正面聚焦在造成創傷的事由上，而是從部分重疊但稍微錯開的形態去課題化，在提高發言能力上是相當有效的手段。學生在選擇研究主題時，我屢屢建議他們，不要選擇對自己而言最大的問題，或是個人最煩惱的事，而是選擇跟它有關但不同的主題，其實也是基於同樣的理由。創傷愈重，發言能力就會愈弱。理解了這個環狀島的「法則」之後，希望大家可以確實認知到，為了盡可能避開那種約束力，這是非常重要的方法之一。

要讓人能針對創傷發言的條件，在能力或資源上，在第一章中，我舉出：智慧、溝通能力、邏輯思考能力、跟傾聽者用相同語言訴說的能力、識字能力、帶有說服力的表現能力及社會信用、說話和書寫的心力和體力、能說話的身體機能、充分的時間、必須能夠信任別人且懷抱希望，認為「或許會有人聽我說」，也必須有最低限度的自尊，能夠覺得「我是可以發言的」、必須習慣說話或寫字、要有練習的機會、獲得鼓勵說話的環境，至少必須要有一個不壓抑、不禁止發言的環境。當中有許多條件，對晴野而言，應該是透過「書寫」這份工作獲得的。根據本章分析來補充其他能夠發言的條件，還可以舉出發言者個人資質、經驗、自信、人際關係、經濟基礎、時代與社會的接受度、課題化的過程等。晴野本身也可說剛好具備了許多良好條件，才造就了她超群的發言能力。不過，更正確來說，應該是她藉由不斷跟周遭的人互動、不放棄、不斷做出呼籲，才能逐一建構出這些良好的條件。

我曾經針對弱勢群體生存下去的條件，指出自我肯定與連結的重要性，具體包括同儕（peer）和榜樣（role model）的存在、能夠安心的場域、實現這些條件的弱勢群體社區的存在（宮地尚子〈幫助弱勢群體的精神醫學〉，刊載於《創傷的醫療人類學》[32]）。這些條件雖然並沒有跟前述能言善道發言者的條件完全吻合，但我認為，其實兩者是各自用不同的說法，表達反覆呼籲與回答當中，言詞漸漸形成的契機、以及人與人攜手建立起環狀島的環之過程。

第五章

複數的課題化及複合性身分認同

在這複雜的後殖民性現實中，重要的是，承擔己身根源上的「不純」，身處混血的場所來敘述，也就是去認識同時敘述兩件或三件以上事件的必要性。

——鄭明河（按：另譯為曲明菡、崔明霞）著，竹村和子譯

《女人，本土與他者：後殖民主義與女性主義》

（『女性・ネイティヴ・他者——ポストコロニアリズムとフェミニズム』）[33]

環狀島與身分認同

我在第三章及第四章分析了晴野真由美的手記。原本並沒有預計要花費這麼多篇幅，但讀得愈多，就出現愈多幫助我拓展思考的素材。原因可能在於，晴野藉由寫作誠實面對自己，將傳達的希望寄託於文章，使得手記變成「濃密的記述」吧。我跟她從未謀面。我刻意選擇的手法，就是在不見面的情況下，純粹透過文字來讀取能夠讀取的部分。

在分析手記得知的事物當中，有幾個是我沒有料想到的。一個是即使是針對單一事件或單一人物，也能描繪出複數的環狀島，也就是環狀島的複數性。另一個是，對當事者而言，最沉重的事或最大的創傷，是很難看見的，與其說以環狀島浮出水面，不如說只是個虛幻的島影，縹緲浮現。

這一點不論放在多麼能言善道的人身上都是符合的。說得更深入，我還發現，當一個人處於能言善道的狀況，是因為敘述的是對本人而言是第二、第三嚴重的問題（並非意味這個問題沒什麼大不了，或在社會上不是重要的問題），但是，核心部分的創傷多半隱藏在這個問題的旁邊。

這些出乎意料的發現，促使我思考關於複數創傷或歧視共存的狀況、多層歧視、複合歧視這些問題。同時，我認為它在思考環狀島與身分認同的關係時，也會是重要的關鍵。特別是我們可以看見將環狀島的概念接合到複合性的身分認同論、以及脫離身分認同論的可能性。我原本就認為複合性身分認同這個切入點非常重要，它與對混合語（creole；按：另譯為混血兒）這種思想的關注息息相關（刊載於宮地尚子〈岌岌可危的身分認同〉《創傷的醫療人類學》[34]），但沒想到關於環狀島的思考竟然能夠跟它們吻合。不過，我想一旦注意到環狀島的複數性，那麼與複合性身分認同議論的接合就不是那麼困難了，也可以藉由接合，來導入發言中位置性的議論。至於發現核心創傷總是被隱藏住、或是多為虛幻島影，我覺得能夠幫助我們的思考延伸到自爆祕密（come out；按：主動公開自己不為人所知的祕密，例如性取向、種族、疾病、職業、宗教等，所有可能遭受歧視或偏見的祕密；此處譯為「自爆祕密」而非「出櫃」）、矇混過關（passing）、在人際關係上「體貼」以及「轉向」或「翻身」的問題。

關於環狀島，在我心目中深深覺得，例如發生在**浪拍岸**或**山脊**這些重要地點的事，還沒充分獲得說明。還有，「加害者」位在哪裏、「敵人」又位在哪裏，也還沒論及（在第八章會詳述，我的想法是，直接加害者在**零點**的正上方，而間接加害者或旁觀者則位於外海）。因此，我不知道在進行描寫或說明這些前，就先整理複數環狀島的關係或環狀島與身分認同和位置性的問題，此舉是否明智。不過，從晴野的手記中，感受到已經形成其流向，所以我想就順著這股脈絡論述下去。

多層歧視與複合歧視

人往往帶著好幾層的傷。歧視也有許多種類，有人是幾乎遭到複數的歧視擊潰，也有些時候是弱勢群體內部反目成仇、互相傷害。上野指出一個事實是「所有遭受歧視者的團結」並不容易，為了正視這個問題而提出了「複合歧視論」。（上野千鶴子〈複合歧視論〉[35]）

她舉出幾個複數歧視摻雜交錯的例子，包括以人權、階級為中心的反歧視運動，內部卻不斷發生嚴重歧視女性的行為、主張墮胎權利的女性運動，或許同時也否定了對可能出生的身障者的存在價值、試圖從已內在化的身障者歧視解放出來，結果卻讓自己陷入女性歧視的安積遊步的苦鬥紀錄、與非裔美籍男性或猶太男性結婚的日本女性經歷的複雜歧視面向等。她指出，歧視的形態，除了「單一面向歧視」外，還有遭受歧視的人之間彼此歧視的「相互歧視」、複數歧視加諸一人之身的「多層歧視」、歧視中相互關係發生扭曲或逆轉的「複合歧視」、遭受歧視者個人的「內部糾葛」（我對上野的分類做了一些調整）。再來，舉出階級、性別、民族、身障四個類別，具體一一分析這些歧視的排列組合。

環狀島這個概念，包含「受傷的人為何會彼此傷害？」這個設問，在這一點上，關注的部分和複合歧視有交疊，但我從以前就在思考，它無法適當應對像這種內含二個以上問題的現象。因為，例如分別畫出「身障者歧視」的環狀島和「女性歧視」的環狀島，然後用重複曝光的手法使其交疊，也不能就此得到「女性身障者歧視」的環狀島圖形。我想過，更別說牽扯了複數歧視的複合歧視等，根本就無法畫出環狀島圖。

但是，不論身為一個人的體驗、或是一個事件，都可能有多種課題化的方式，如果能夠設想複數的環狀島，那麼從正面接受這個事實就好。試著各自畫出不同環狀島就好。我漸漸能夠這樣思考。「身障者歧視」的環狀島、「女性歧視」的環狀島、「女性身障者歧視」的環狀島、「被告知生下的孩子可能會有缺陷，被迫選擇生或不生的女性問題」的環狀島、「因選擇墮胎的自由而將被抹煞（或是可能已經被抹煞）的身障者問題」的環狀島，如此嘗試分別設定各個環狀島，又何需躊躇呢？

甚至試著放手讓問題偏離也無所謂。將問題細分化來檢視、或是相反的更具概括性、把問題置入更大的框架來檢視都好。試著想像「所有歧視」的環狀島也行。可以像一本地圖集似的，把不同的環狀島全部排出來就好。排好之後，試著做各自的比較分析就好。在不同的圖中，思考自己應該站在哪裏、以及自己跟其他人的關係性就好。如此一來，不是就能夠將各個問題一點一點相對化檢視了嗎？我開始抱持這樣的想法。

描繪複數環狀島的意義

那麼，描繪複數環狀島，究竟是怎麼一回事呢？發生一件事時、或一個人經歷了一些事時，會有許多方式將它課題化。

首先，有一種同心圓狀的複數化方式，將課題化範圍集中在部分集合；或是相反的，將它逐漸擴大（圖八A）。以性騷擾為例，既可以擴大為性暴力、對女性的暴力、女性歧視、人權問題，也可以漸漸縮小範圍到像是職場性騷擾、小型企業中的性騷擾、小型出版社中的性騷擾等。先在大框架中掌握住課題，設定好環狀島，在比較評估受害的嚴重程度當中，或許會了解到，原本看起來受害程度嚴重的，其實是來自別的受害或傷害。

藉由這樣的方式，或許又可以針對別的受害設想新的環狀島。應該也可以試著設想兩種受害加在一起時的環狀島。相反地，如果先用較小的框架去掌握課題，那只要思考在更大框架中描繪環狀島時，該課題將位於何處就可以了。

再來，也有每次錯開一點點這種形式的複數化（圖八B）「性騷擾」、「熟識者

圖八　複數課題化的樣貌

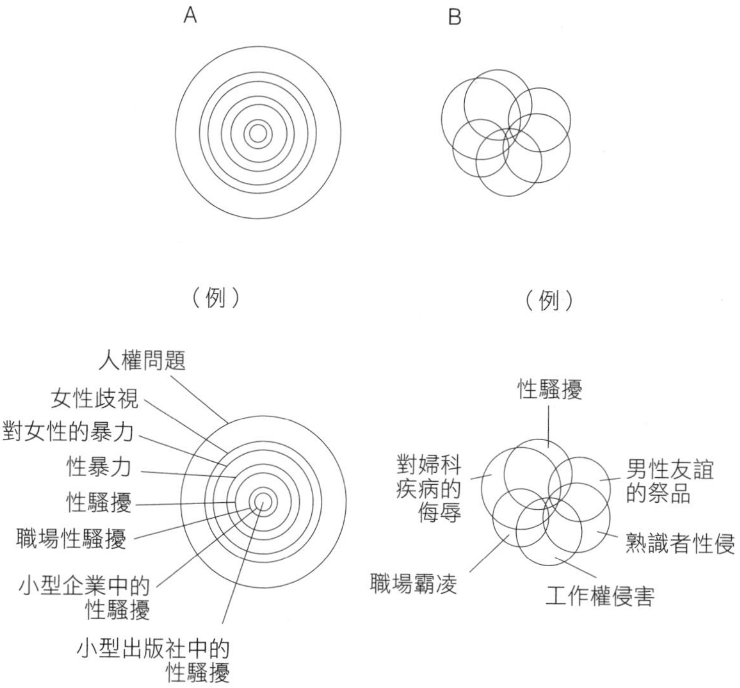
A
B
（例）
（例）
人權問題
女性歧視
對女性的暴力
性暴力
性騷擾
職場性騷擾
小型企業中的性騷擾
小型出版社中的性騷擾
性騷擾
對婦科疾病的侮辱
男性友誼的祭品
熟識者性侵
職場霸凌
工作權侵害

性侵」、「男性友誼的祭品」、「對婦科疾病的侮辱」、「工作權侵害」、「職場霸凌」這些角度，彼此之間雖然有重疊的部分，就在具體受害情況而言，涵括在內的和排除在外的，彼此都有不重疊的部分。

無論如何，在掌握問題之際，不想遺漏每個課題的共通性與多樣性，隨時用這樣複數且具彈性的觀察方式，應該是很有幫助的。所謂預設複數環狀島，意義就在此。

不過，在預設複數環狀島時，「誰是當事者？誰是非當事者？誰是受害者？誰是協助者？誰是友人？誰是敵人？」等認知，會因環狀島不同而輕易變動。以圖式化來設想環狀島，意味著界定自己這個當事者在**內斜面**的「夥伴」、界定在**外斜面**支援自己的「友人」、界定應該追悼的那些在**內海**比自己更早倒下、被剝奪了發言機會的死者或犧牲者、並且設想在**外海**的旁觀者及漠不關心、無知的潛在「敵人」（圖九）。

當然，除了我之外，過去並沒有人意識這件事，利用環狀島這個印象去思考過什麼問題，所以這不外是我個人的說明。不過，當人試圖針對對自己而言非常迫切的課題發言時，針對這個課題認真思考、實際上發言或付諸行動時，應該多少會揣測誰是「夥伴」？誰是「友人」？誰是「（潛在的）敵人」？誰是比自己更悲慘而無

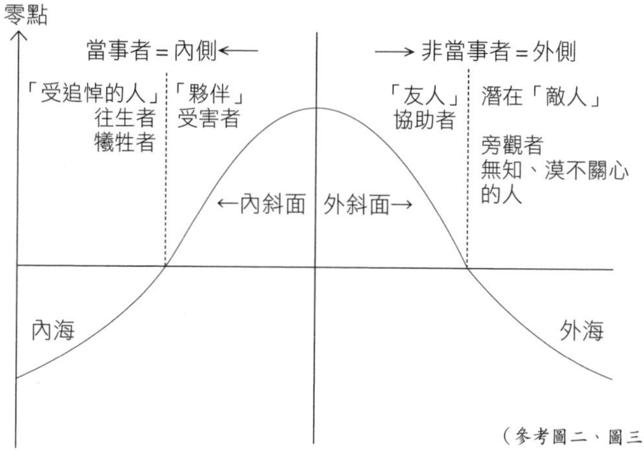

（參考圖二、圖三）

圖九　環狀島剖面圖

法發出聲音的當事者吧？就算意識的程度各自不同，當事者發出聲音的時候，試圖讓人聽見的時候，我想再怎麼應該都無法避免對自己周遭的人，評估在這個課題上是「夥伴」、「友人」、還是「敵人」，重新布局。

一旦將它單純圖式化，由於課題化或問題設定的方式改變，原本是「夥伴」的人輕易重新被分類到潛在「敵人」，或是一直以來都在「內側」的人被視為「外側」的人等等，一點都不奇怪。比方說，即使「同為」性騷擾受害者，對於想要思考小型企業特有性騷擾問題的當事者而言，員工福利完善的大企業中的性騷擾受害者，或許可以算是「友人」，但不會是「夥伴」，至於對小型企業特有的問題不理解也不關心的受害者，則應該會輕易被歸為「敵人」吧。

再舉一個例子，我們或許可以想想看白人女性身障者，和同樣是身障者，出身是遭歧視部落的日本男性。在「所有歧視」和「身障者歧視」的環狀島，二人同樣處於**內斜面**，算是「夥伴」吧。至於「部落歧視」，女性成為**外海**旁觀者或潛在「敵人」的可能性很高，不過即使是「非當事者」，也可以努力研究，站到**外斜面**，成為「友人」。在「女性歧視」及「人種歧視」上，他們各自是「受害當事者」和「非當事者」；「非當事者」，根據平時的言行可能是「敵人」也可能是「友人」，也就是站在**外海**或**外斜面**。就像這樣，在不同的環狀島上，兩人站立的位置就不同。既可能一起成為「當事者」，也可能是「當事者」與「非當事者」，（遇到和二人沒有直接關係的問題）還可能同為「非當事者」。而在這些情況下，跟對方的關係，當然也會時為「夥伴」、時為「友人」、時為「敵人」。

在這裏應該注目的一點是，在**外斜面**的人，雖然是「友人」，卻不是「內側」的人、不是「當事者」。即使會有許多案例，實際上很難畫分得一清二楚，但位於**山脊**之外的，終究是「非當事者」，是「外人」。也就是說，「夥伴」和「友人」雖然似乎很像，但是位於「內側」（夥伴）還是「外側」（友人）的位置，成為決定兩者不同的關鍵。

就像這樣，身為**外斜面**的人＝「友人」的協助者的位置，是在內／外這種分類上，以及友人／敵人這種分類不重疊的部分。我認為，這種協助者在內／外、友人／敵人分類上的不重疊，一般並沒有太多人認知到，由此而生的混亂及傷害才會層出不窮。比方說，常見的例子是，一直以為是自己「夥伴」的人，你發現他其實「只是」外人，明明他還是站在你這一邊，你卻覺得遭到背叛，於是斷絕和他之間的連結。相反的，也很容易發生另一種狀況，就是你涉入某種社會運動，原本大家應該是把你放在內側的，在某個時間點你突然覺得大家對你的態度，像是你是外側的人，因此感到疏離，於是不再參加運動。如果協助者本身以及當事者都能夠先認識到，雖然是「外人」同時是「友人」的這個立場，那就是站在**外斜面**的意思，是協助者的特徵，像這樣不幸的例子，不是就可以減少很多了嗎？

比較嚴重程度

還有一件在描繪環狀島當中會發生的重要事項，就是同樣站在環狀島上的人，（特別是在**內斜面**）受害及受傷程度會被拿來互相比較。比方我們為了描繪所有遭到歧視的人之間的團結，來設想一座「所有歧視」的環狀島。如果大家受傷的程度都相同，浮現的就會是一座像蛋糕的島，然後變成「大家都是平等的。一起加油吧。」但現實當中，歧視的種類不同，它所衍生的艱辛程度（當然個人差異的影響會更大，但在此姑且忽略這一點的話）也會有很大的差距。歧視種類不同，造成的艱辛程度差異，「質」的差異當然是比較大的，但人們還是無法停止去互相比較受害嚴重程度、或是艱辛程度吧。即使在法律救濟等場面中，現狀就是最終受害的嚴重程度，只能用賠償金額這種單一的指標來計算。這裏主題稍有偏離，明明在受害事實一直無法得到認定、陷入苦鬥的情況下，大家是團結一致的，當受害認定，開始進入賠償或和解的程序，客觀來看戰鬥變得較輕鬆的時候，卻往往造成運動主體面臨分裂危機。我想，跟這種在內部比較受害嚴重程度，以及獲得賠償金出現排名的問題不無關係。

如果回到前述身障白人女性和身障遭歧視部落出身日本男性的例子，不管在「所有歧視」或是在「身障者歧視」議題下，二人在環狀島上都同為「夥伴」站在**內斜面**。但，一起度過一些日子後，應該會發生互相比較誰活得比較艱辛的現象吧。可能有時候會覺得自己比較「普通」，自己的身障比較沒那麼嚴重，試圖將自己的狀況估算得較輕，也可能有時候會將自己的狀況估算得較重，主張自己的身障比較嚴重，所以理應優先考量自己的需求。周遭的人應該也會比較雙方誰比較艱辛，去考慮將誰的需求放在前面、要是二人之間發生爭執，該同情哪一邊。男性那邊，大家或許還會將他背負著「部落歧視」重擔這個「多層歧視」的狀況列入考量。

不過，誰又能斷言女性沒有背負身障之外的重擔呢？如果有人讓她相信她是身障者所以不能生小孩呢？如果她信仰的特定宗教認為身障是過去祖先犯罪的結果呢？當然在沒人知道背後有什麼苦衷這一點上，男性也是一樣的。

要比較誰的受害或艱辛度更嚴重並不容易，但卻也無法避免。我們就是一定會去比較嚴重的程度。我們首先必須認識到這個事實。而在比較當中，如果得知還有質的不同，就連同這個要素一起評估嚴重程度，同時，試著描繪別的環狀島。避免將之視為「分派系的行為」或是逼迫誰去選邊站，這種隨時開放給複數視角的態度才是最重要的。

複合性身分認同

即使是單一事件或個人體驗，也會有幾個不同的課題化方式，能夠同時設想複數不同的環狀島。而在某座環狀島上，同為受害者的人，在設想別的環狀島時，可能變成受害當事者和協助者、受害者和潛在敵人，或是潛在敵人和受害者立場對調等，兩人的位置關係可能輕易而劇烈的產生變化。在環狀島上隨時都有人在比較受害或艱辛的嚴重程度。想冷靜且仔細思考這些點，有一個不可或缺的概念，就是「複合性身分認同」這個視角。

所謂複合性身分認同，是指一個人具有各種屬性及歸屬團體、扮演各種角色，而無法歸結為單一身分認同這種視角。每個人都歸屬於好幾個團體，同時擔任各種不同角色。在現代社會中，歸屬團體和角色的多層性愈重，配合不同場合就必須演出不同的自己，這種狀況已經常態化了。因此，身分認同不再單一，有時將其視為一束集合了相互矛盾、糾葛角色的集合體，也較能夠理解現實中發生的事。特別是在民族、階級、性別等要素錯綜複雜的後殖民狀況下的弱勢群體，對他們而言，角色糾葛及矛盾多迫在眉睫，複合性身分認同的視角已不可或缺。

我們再度舉出前面那兩位的例子，會跑出身障者、受歧視部落出身者、白人、日本人、女性、男性這些身分認同。光是如此就足以了解身分認同是複合性的，但其他還會加進宗教、居住地區等要素。硬要從當中選擇單一身分認同，兩人各自身為一個個人的存在和兩人之間的關係，應該都會僵化。而在個人內心，往往會經驗到嚴重的撕裂吧。

長於論述複合性身分認同的鄭暎惠，研究「民族」內歧視的問題，指出一直以來，「在日朝鮮人」社群中，施加於女性及孩童的父權式暴力是得到默許的。書中還敘述，「在日朝鮮人」的女性及「孩子」（第二代）的解放，不僅要從蔓延於日本社會的民族歧視中解放，還必須從「向來被暴君**父親**掌控的**家**及**民族**」也獲得解放（鄭暎惠〈超越身分認同〉，岩波講座現代社會學一五《歧視與共生的社會學》）[36]。我認為，這顯示出「對在日朝鮮人的歧視」這個環狀島過於強固，一直到最近為止，想讓關於性別或世代這些個別的環狀島浮出來，都是非常困難的。

另外，鄭暎惠還指出，單一身分認同的視角，很容易給「混血兒」或歸化的人、既沒有關於「祖國」的記憶，也不會講韓語的第二代、第三代等「無法完全歸屬於任何一方」的人，帶來過度的身分認同危機。歧視愈嚴重，對抗的運動愈嚴苛，「對在日朝鮮人的歧視」這個環狀島就愈強固。正因如此，究竟是在**內斜面**還是**外斜面**很難判斷的那些「無法完全歸屬於任何一方」的人，大概隨時都會遭到審視「究竟是屬於哪一方的人」，承受懷疑的眼光吧。他們或許隨時都在煩惱「我到底是誰？」「我應該待在哪裏？」「我應該站在哪一方？」但是，只要將身分認同看作一種具有複合性的東西，那麼就會比較容易接受原本混合各種元素、「無法完全歸屬於任何一方」的自己。鄭暎惠用「接受混血的自己」、「扛下自己身體裏的不純性、多元性、複合性、渾沌性、與外界的連續性，也就是無界線性」、「成為不純的

『日本人』」這些說法來表現這件事。

另一方面，從後殖民狀況衍生出的趨勢，有一種政治，乍見像是尊重弱勢族群權利的多元文化主義。在那裏，弱勢族群可以得到身為弱勢族群發言的保障，同時，卻也很諷刺的，弱勢族群只能以弱勢族群的身分發言。當弱勢族群試圖發出自己的聲音時，他愈是成功，他的聲音對外部而言就可能愈容易被賦予「代表性」。然後每次會議他就會被視為「代表人」應邀出席，結果可能演變到最後，壓抑了其他弱勢族群成員的聲音，或是被拿來當成多數人「我們有好好聽取弱勢團體意見」的脫罪證明。這種由多數選為弱勢族群而祭出的人就是「令牌式弱勢族群」。決定誰是弱勢族群代表的這個權限，終究在多數端的手中，保留了定義弱勢族群的是多數這個構造。

為了對抗這種被當成「令牌式弱勢族群」祭出的可能性，鄭暎惠引用史碧華克（Gayatri Chakravorty Spivak），做了以下主張。屬於弱勢族群的人，不用跟多數的兩項對立來確立己身的自我認同。也要訴說弱勢族群內部個體間的差異，不允許被刻板印象化。不以弱勢族群身分向多數傾訴。弱勢族群只有在面對弱勢族群時，應該盡量傾訴談論，應該讓存在於被歸類於弱勢族群成員之間也存在的**差異**樣貌更加清晰浮現出來（鄭暎惠〈超越身分認同〉[31] 頁二一六）。這意味著，不僅限於「在日朝鮮人」這座環狀島、針對弱勢族群成員之間造成差異的各種事件也設想出環狀島、嘗試發出聲音，不將這些差異當成「不可以存在的東西」而敷衍了事，而是視為多樣性及豐饒的根源來面對吧。

鄭指出「讓弱勢族群成員間的差異浮上檯面，就等於挖掘出被歧視埋住的**自己**」。這裏所謂等待被挖掘出的「被歧視埋住的**自己**」，指的應該不止身為遭歧視者「在日朝鮮人」的自我身分認同吧。受到遭歧視團體內部疊加的壓抑埋住的**自己**也應該被挖掘出來，假設沒有遭到歧視，應該更能自由探索的、富含多種可能性的自己也應該被挖掘出來。我覺得她想要傳達的是這樣的訊息。

更進一步，鄭主張遭歧視者之所以告發歧視，不是因為一肩擔下消弭歧視的責任，而是因為那是一種避免自己去將歧視內化的、對自己的義務。並不是「為了告發歧視而犧牲自我」，而是「為了奪回原本的自己而告發歧視」這個基本線的確認。我發現這裏和晴野一路以來做的嘗試有所重疊的地方。

她之所以試圖發出自己的聲音，並不是為了成為性騷擾的受害者代表。她站出來，是為了奪回被性騷擾傷害而埋沒的自己。但是，當性騷擾這個詞彙引起愈多人的關注，愈是成功的讓環狀島浮現出來，她就愈是不得不勉強自己以一個「受害者代表」、「理想的原告」的身分，「一肩扛起消弭歧視的責任」。但是不久之後，她發現自己跟協助者之間的差異，被迫正視這些差異。她應該是透過那些痛苦的過程，將以往自己內化的歧視及偏見一個一個洗掉、然後挖掘出更多「被埋住的自己」吧。在這當中挖出的自己，絕對不是「純粹的受害者」＝「理想的原告」，而是一個懷抱著矛盾、脆弱、無法切割的，複雜而多面的所謂「灰色地帶」的人。但是，在活生生的成人當中，真的有人是純白的嗎？

如果誠實面對自己，不是任誰都一定會出現灰色地帶嗎？她不也是藉由挖掘出「原汁原味」的自己，加以肯定，才終於能夠一點一點的面對永松及安岡造成的傷嗎？

她的手記標題《再見，原告Ａ子》也顯示出這一點。她拒絕了唯一且永續的扛起周遭賦予她的「性騷擾受害者代表」這個身分認同。同時這確認了，就算是自己建立起的環狀島，也沒有必要永遠留在那裏。鄭暎惠的話，彷彿呼應這一點似的，「開戰了。『結束』告發的被歧視者，就算離開戰爭的『前線』，又有誰能非難他／她呢？」（《再見，原告Ａ子》頁二八）。晴野往後或許也會成為受害者商量的對象、或是給予支持、打氣。但她註明不會當「後援會會員」。此外，她還公布自己在事件後結婚了，對於大眾對性騷擾受害者抱持的刻板主觀印象，她也提出了中肯的批判。

恐怕愈能成功地讓環狀島浮上來，或在環狀島上愈能言善道得到眾人矚目的人，就愈難將環狀島帶來的身分認同相對化，把自己從那邊抽離出來。「令牌式弱勢族群」的陷阱，也特別容易襲擊那些能在環狀島上能言善道、在弱勢族群中意識較高的年輕人或優秀的學生吧。愈認真、希望自己秉持良心、就愈容易試圖一肩扛起自己被賦予的課題，可能遭受單一身分認同吞噬磨難（印象中，後殖民主義研究者裏有不少人背負著這樣的記憶，是我的心理作用嗎？）的民族教育或同和教育，以往將這種重擔加諸於年輕人身上，也有不得已的部分，但我覺得對於扛下的這些年輕人而言，應該是過於嚴苛了。正因為是弱勢族群，為了得到生命中的豐饒、彈性、安心感，我認為確保不用思考自己是誰、從「存在證明」解放的時間及空間，對他們而言是必要的（宮地尚子〈做為控制手段的家暴：個人領域的去向〉[37]）。還有，我認為對於自己是複合而「不純」的這件事，需要免於被迫帶有罪惡感。一方面為了能夠具備這樣的方向性，複合性身分認同的概念也是非常重要的。

第六章

脫離身分認同與身分界定

……所謂身分認同是一種同一化的過程，也就是，它意味著，或者內含了用言語表現「這裏的這個是跟那個一樣的」、或是「在這一點上我們是相同的」這些過程。但是，從女性主義或精神分析中同一化議論整體學到的，也僅止於同一化構造總是透過二律背反構成的這一點。它永遠是靠著二律背反的分裂構成的，是某件事物和其他事物之間的分裂。試圖將其他事物趕到世界的另一側的行為，總會因為愛和欲望的關係變得更加嚴重。這種語言，跟自己完全相異的、所謂他人的語言，又是兩回事。

這是屬於某人內部的他人。是只有從那個人的立場才會明白的他人，像是刻在他人眼中的自己。外部與內部、構成成員與非構成成員、該歷史中記述的人、與無法傾訴依存於該歷史事物的歷史的人，所有這當中的分界線，都會被這樣的看法打破。存在於人們談論事物當中的那些沒有被論及的沉默，才是到達歷史全貌的唯一途徑。唯有找出過去沒有登上歷史舞台的事物以及其沉默，將它並列於可傾訴的部分旁邊，才會是完整的歷史。所有可傾訴的部分，都奠基於一直以來沒有人聽見、還無法被傾訴的那些數量龐大的聲音。

——斯圖亞特・霍爾（Stuart Hall）〈新舊身分認同、新舊族群〉（Old and New Identities, Old and New Ethnicities）[38]

脫離身分認同論

一直以來，我都在思考多層歧視與複合歧視這種切入法，以及用複合性身分認同的概念來描繪複數環狀島的代表的意思和意義。

複合性身分認同論，再延伸深究，還有一個脫離身分認同論存在。上野千鶴子在追溯身分認同概念言論歷史的同時，指出艾瑞克森（Erik Erikson）等人提出的身分認同概念是具規範性質且保守的。理由是，他們認為，個人的同一性（關於我是誰，我自己本身的概念）與社會賦予的同一性（針對我去設想別人在思考我是誰的這個我的概念），兩者一致是比較理想的，這種一致，可以帶來身分認同的統合與安定。上野還提到，「為獲得（統合後安定的）身分認同」被強迫要求「存在證明」的，「並非支配權力的一方，而是被支配權力視為少數而加以分類的」那一方，而肩負著身分認同理論革新努力的是「想逃脫宿命般被強迫的這種同一性，或者認為有必要逃脫的，（少數派的）人群」。

她還介紹了聚焦於身分認同的建構性、完成性、複合性、多元性、變貌性、內部矛盾性的彼得・柏格（Peter L. Berger）、高夫曼（Erving Goffman）、拉岡（Jacques Lacan）、巴特勒（Judith Butler）、霍爾等人的議論（上野千鶴子〈脫離身

分認同的理論〉(「アイデンティティの理論」)[39])。

以往,身分認同這個概念,傾向於強調以本質性或規範角度強要的安定性及單一性。上野對此持對抗態度,做為脫離身分認同的墊腳石,反而重視身分認同的建構性、變貌、多元性這些動態的過程(上野千鶴子《脫離身分認同》頁二〇、〈脫離身分認同的策略〉(「脱アイデンティティの戦略」),刊載於《脫離身分認同》頁二八九—三二一)。她確認所謂的身分認同,是人為建構起來的、是會不斷變化的,是一種遇到相互糾葛、矛盾的各種繁雜要素時會出現的東西。

我想將這種身分認同(identity,同一性)的建構性、變貌性、多元性三點,重新用身分界定(identification,同一化)的「投企性」、「暫定性」和「部分性」的角度去審視,讓它與環狀島論接合看看。雖然我覺得無法輕易擺脫身分認同的桎梏,但我認為,藉由將注意力放在動態過程中,就有可能從較有彈性而寬廣的選項中來界定身分。而我也認為,環狀島比起完成後的形狀,人們是如何跟某人同一化,使得環狀島逐漸浮現,這個「進行中」的樣貌更為重要。

順帶一提,斯圖亞特・霍爾試圖將身分認同這種事後建構起的概念,退回身分界定的概念,著眼於「進行中」的過程。既不放棄本質主義的身分認同政治,同時又主張建構主義式「現實中因差異而產生的身分認同之政治」在區域性流動社區中是必要的，對於他這樣的思考而言，這裏的議論應該非常具有親和力吧。

首先，所謂的「投企性」，是一種將自己投入其中、變成某個人、以某個人的身分發言，這樣的一種「選擇」。在環狀島浮現的過程當中，這個投企性扮演了重要的角色。它或許不是積極的選擇。可能是不得已接下的，或是無路可逃、因為死心而接受的。也可能是被逼急了，一切始於「窮鼠齧狸」的狀態。即使如此，在某個瞬間，就產生了繼承這個自己的契機。遭受某種迫害，背負創傷後，針對那個傷口，以「〇〇受害者」身分發出聲音的瞬間、為了將某個問題課題化而發言的瞬間、尋求夥伴的瞬間、感覺受到召喚，以夥伴或友人的身分加入社會運動的瞬間、跟原本不熟的人，攜手圍成一圈的瞬間。

正如前面分析的，晴野真由美並不是出於自己的意志成為性騷擾受害者的。但在某個時間點，她接下身為性騷擾受害者的自己這個角色，把自己投注其中，藉此讓環狀島漸漸浮現出來。而那些協助者，也是帶著「我也經歷過」「我當初也有可能演變成這樣的結局」的切身感受聚集過來的。而她們是將自己投身於某種同一性，在這裏是名為「性騷擾受害」的「投企性分類」當中。

我會使用「投企」一詞，是來自千田有紀的位置性（／社會位置）論（千田有紀〈身分認同與位置性（／社會位置）〉[40]）。正如後述，有一個遭到質疑位置性（／社會位置）問題的議論是女性割禮（Female Genital Mutilation，FGM。或Female Genital Surgery，FGS；按：另譯為女陰殘割，意指割除女童部分或全部的外生殖器（陰蒂、小陰唇和大陰唇），去除女性的性快感，確保婚前純潔、婚後對丈夫守貞），千田在這裏謹慎的擷取「同為女人」的「投企性分類」之價值。我的主張有：在環狀島論中「讓無數環狀島浮現看看」的戰略、還有，讓能夠涵蓋「同樣身為女人」這麼巨大的環狀島（也就是環繞「女性歧視」、「對女性的暴力」主題的環狀島）浮出水面，和讓針對比較個別課題的環狀島浮出水面，這兩件事決不矛盾，反而就是要同時讓它們浮現對照看看才有意義。我認為，千田的做法和我的主張有交集。

第二個是「暫定性」。談論「身為某某受害者」，一時間可以提供強力的身分認同，但沒有必要讓它永續。環狀島並不是固定的，就算它漸漸成形、漸漸變大，或許不久又會變小、消失。就算島本身續存，島上的人卻可能不斷更迭。應該或有人無法與**重力**或**風**抗衡到底，最後沉沒在**內海**或**外海**中。也可能有人原本明明在**外斜面**，卻跟受害者一起遭到二次傷害，而滾落到**內斜面**吧。也可能有人自己內心的相對化加劇，從**內斜面**移到**外斜面**去吧。

比方蘿拉・戴維絲（Laura Davis），她也是近親性侵受害者，身為治療師，她寫下幫助倖存者復原的書。有一天，她突然發現自己已經漸漸不去思考近親性侵的問題了。她並沒有勉強自己忘記這件事，而在自己心目中，這個問題的重要性漸漸降低到對生活不再有影響，她自己也對此感到驚訝。（蘿拉・戴維絲《和好再相愛：破裂關係的修復與重建》〔*I Thought We'd Never Speak Again: The Road from Estrangement to Reconciliation*〕[41]），這才是真正的「復原」，即使從**內斜面**移動到**外斜面**是很困難的，但絕非不可能。

有人在某時期存在於某地，不久後離去。其他人出現，然後又離去。沒有任何人有義務一直待在同一個地方，就像在令牌式弱勢族群議論當中鄭暎惠的主張一樣。（鄭暎惠〈超越身分認同〉[42]）。就像晴野也離開了那座自己讓它浮現的環狀島一樣。就算一時是能言善道的「代表者」，身分界定卻可以是暫定的。人原本就會變，人與人之間的關係也會變。這應該絕對不是壞事。不管是最早發出聲音的受害者、或是其他的受害者或協助者，沒有人應該被綁死在環狀島上。

不過，如果在這裏一定要補充，我認為要將建構性與變貌性連結，保留是必須的。一個人離開環狀島，並不代表他可以輕易改變。人無法如此靈巧，說變就變。

常有人主張「既然建構得起來，就應該能夠改變」，一方面也由於有人戰略性的利用社會建構主義。然而，現實中卻未必如此，特別是科學技術發達的今日，相反的例子也不少。像是「性別認同障礙」（Gender Identity Disorder，GID）的治療（按：本書日文版完成於二〇〇七年。在二〇一八年，世界衛生組織〔World Health Organization，WHO〕第十一版國際疾病分類標準〔ICD-11〕正式將「性別認同障礙」去病化，更名為「性別不一致」〔gender incongruence〕，從精神疾病移到性健康的章節），之所以會相較於本人的（應該是社會建構出來的）性別身分認同，更傾向朝改變（應該屬於本質的）身體的方向走，正是基於這個理由吧。正因為花費長時間投入大量資源與能源、建構，將它當成自己的一部分，加以習慣化、內面化之後，會更難改變，所以用技術去改造身體還簡單得多了。

當然，困難並不表示不可能。針對可能性議論時，應該跟實際上多麼困難的議論做切割。首先，不去假設可能性存在，就無法開出一條路。在此，社會建構論應有所貢獻。但是，如果用「人應該是可以輕易改變的」這種草率主張去取代脫離身分認同論，那麼，對於無法逃離自己身處環境、無法輕易改變的弱勢族群而言，很可能是一種雪上加霜的暴力。

第三是「部分性」。朝向特定目標團結一致戰鬥、跟別人一起戰鬥、建立夥伴關係。不過，雖為夥伴，並不需要彼此百分之百相同，原本也不可能辦到。就算受害相同，嚴重程度應該也會不同、承擔的其他傷痛與生活負擔也相異，還有階級、性別、民族性等屬性一般也不會相同。「因為彼此有共通點，所以，此刻在這件事上並肩戰鬥吧！」就夠了。在充分接納彼此差異的情況下，在一致覺得「不過，這一點不能讓步，對吧？」的點上，進行部分的同一化就好，不過如此。

不論當事者對非當事者、非當事者對當事者、或是當事者彼此之間，都不可以試圖進行全面性的同一化，也不可以期待或要求全面性的同一化。務必止於部分同一化的階段，放輕鬆，別讓自己遭到萬能感或無力感所操控。那是一種非常健全的人際關係樣貌。相互接納彼此的差異、給予尊重，同時相互維持連結。或許這還可以說是脫離了舊式運動的樣貌。

當然，可能有些受害種類，會給人強制套上壓倒性的身分認同。例如像原爆受害者嚴重侵襲身心的案例、殖民地化或剝奪國籍等攸關居住及生存的案例、人種歧視、民族歧視、部落歧視等壓倒性左右生活的案例、身心障礙者歧視、性別歧視等幾乎永續不斷承受差別待遇的案例，要避免讓它成為身分認同的重大核心是很難的。

像這樣被硬套上永續而強固的身分認同，應該也可以說，一直被綑縛在一座環狀島內側，這件事本身就是一種受害。不過，不管過去受到怎樣的歧視或傷害，都不會是那個人的全部。沒有人不具備其他側面或其他屬性。「同為受害者」、「同為遭歧視者」當中，也會有多樣的人，而每個個人，同時也活在受害之外的世界中。

此外，正如前面所述，被追趕逼迫，以致於非得面對完全沒有後路的困難戰鬥時，在一路上經驗了各種背叛、或敵人瓦解戰略造成夥伴離開的情況下，或許會覺得「部分同一化」過度脆弱、風險過高。「間諜」潛入內部從事活動的可能性、只顧享受權利的玩票性質協助者把大家弄得團團轉的可能性、形形色色的人聚集過來，凝聚力變弱，導致內部逐漸崩壞的可能性等，大家會擔心是難免的。

不過，正因為被追趕逼迫，更需要隨時努力，不要讓那種壓力轉化成操控—被操控、或是共生依賴的關係。「部分的同一化」的確無法仰賴，但我認為全面性同一化帶來的假性安全感，覆蓋、隱藏了太多東西，長期下來是更危險的。

「部分壓倒性」及「部分無法了解性」

前面已經說明了「投企性」、「暫定性」、「部分性」，考慮到與環狀島論的接合，還需要補充兩點，就是「部分壓倒性」及「部分無法了解性」。兩個都是我自創的名詞，有些生硬，請多包涵。

「部分壓倒性」代表的是創傷帶來的衝擊、和隨之而生的同一化的壓倒性或「強度」。「我當時也是這樣」、「我當初也可能演變成這種結果」這種切身的感受，深處往往藏著那個人不為人知的創傷。朝向「投企」的、同一化瞬間的切實及壓倒性的確信，創傷會帶來這些**強度**。不過，**強度**與全面性同一化是不同的，必須確切區分清楚。不管同一化的瞬間多麼具有壓倒性，無論自我或他人，都不是光靠它就能夠成立的。

相反的，所謂部分的同一化，對於「我當時也是這樣」或是「我當初也可能演變成這種結果」這種同一化瞬間的切實或確信、也就是同一化的壓倒性或**強度**，並不會加以否定。即使「只是一部分」，並不會因此就「隨便」。在感性或身體上，劇烈感受到跟別人的同一性，這件事本身不應該被否定。正因為有這樣的瞬間，人與人之間才會相互連結。人號召人，在彼此應答當中，**強度**會轉化成強大的能源。體認到他人是他人，避免全面性同一化的同時，也要繼續肯定**強度**。「部分壓倒性」的認知，能夠讓這一點變得可能。

所謂「部分無法了解性」指的是，在身分界定過程中，會留下不論他人或本人都無法了解的部分，但它不會造成對一切都無法了解的結果，不了解的就僅限於一部分。環狀島浮現時，為什麼會去界定「我當時也是這樣」或是「我當初也可能演變成這種結果」，很多時候連本人都不知道理由。對同一化的意念愈強，愈是被壓倒性推著走，或許會更無法了解其理由。

想不起的記憶、迴避的過去、解離的身分認同、死者及犧牲者的召喚。在環狀島上，隨時存在**內海**這個表象和難以接近的領域。不僅如此，還可能存在像「虛幻島影」般，此刻看不見但過去可能曾經存在／未來可能會出現的環狀島。這些本人和他人都不可能了解、但卻不斷發揮作用的事物是存在的，而「部分無法了解性」，就是為了要提醒我們隨時維持意識到這些存在而提出的概念。有些膚淺的議論，說得彷彿所有身分界定的過程都能以語言或文化去說明、去了解似的，而我認為「部分無法了解性」這個概念，在避免讓奠基於社會建構主義之上的脫離身分認同論流於此類議論的意義上，也是很重大的。總之，我也想談論這一點和曖混過關的關係（請參考第十章頁一八九開始的內容）。順帶補充，拉岡派的貝爾西（Catherine Belsey）批判朱迪斯・巴特勒（Judith Butler）的思想「受到對文化極限不安之漠視的庇護」，我覺得與此不無關係（凱薩琳・貝爾西《文化與現實界》〔*Culture And The Real: Theorizing Cultural Criticism*〕）[43]。不過這個批判是否中肯又是另一回事了。

　原本我之所以重視複合性身分認同論或脫離身分認同論，是因為創傷在多半的情況下，都會在個人身分認同上留下很深的龜裂。就這個層面而言，創傷與複合性身分認同相互具有親和性。當然，不管是誰，都具備許多屬性、許多角色，以及因為身屬許多團體而產生的複合性身分認同。不過，創傷會帶來的複數性，是屬於更深層面的身分認同。

比方說，親眼目睹孩子往生的父母或是性侵受害者，往往會敘述當時「時間停住了」、「全身僵硬無法動彈」，感覺在淡然過著日常生活的自己以外，還有另一個一直停留在那個時間的自己。那個「一直停留在那個時間的自己」，平時是躲起來的，沒有碰觸到相關事物是不會出現的。並且，在意識或無意識當中都會為了不要碰觸到它，而繼續迴避相關事物。可能因為極力將那些事物趕到大腦的角落，所以當事者平時都忘了那個存在。

不過，有時候，一些瑣事會變成誘因，意外的將自己拉回當時，瞬間喚醒塵封已久的記憶和感覺。所謂PTSD的重現症狀，在瞬間重歷其境發生的當下，會完全回到當時，當時的身分認同就會具有壓倒性。而在此時，跟他人也只能依照事件發生時關係性的形式做出反應。如果遭性侵後，遭到家人責怪自己的不是，那麼拉回當時，家人應該依舊會是「責怪自己的人」，並且壓倒性逼近。在當時，受害者身上也容易發生認為所有男性都是加害者的過度類化（over generalization）現象。不過，這絕對不表示這個人的身分認同完全且永續為創傷所操控。不論在某個時期或某個關係性當中，它具有多麼壓倒性的威力襲來，都不會占據百分之百的身分認同。不僅如此，有時在重現症狀結束後，會將當時的自己從日常自我的身分認同中割離，並且遺忘。在極端的情況下，可能會被診斷為「解離症」。在度過日常當中，能夠有辦法活下去，也可能是多虧了割離與遺忘這種避免全面性創傷的心理裝置。「部分壓倒性」和「部分無法了解性」是為了想設法傳達這種創傷的性質而自創的詞。

「四分之一」是在日韓國人的已故作家鷺澤萠，她在韓國留學生活中，從一位韓國同學的行為中，突然完全理解了自己的父親，同時把確信「（血統）絕對存在」的這一瞬間，記錄了下來。同時，對於這種確信，她又覺得「帶有神祕色彩，非我本意」試圖相對化。然後，又表示「僅僅是這種程度的神祕性，我想容許自己去相信」，把相對化再度相對化。（鷺澤萠《連翹也是花，櫻花也是花》〔『ケナリも花、サクラも花』〕[44]、平田由美〈非・決定的身分認同〉〔「非・決定のアイデンティティ」〕[45]）。

鄭暎惠也是每當看到供奉祖父骨灰的的納骨之墓，就痛切感受到「他的遺憾」（按：以火葬取代土葬）。然後自問：「自己明明是在東京出生長大的，原本連在濟州島只有土葬這件事都不知道，為何會心痛至此？這種到底是從何而來？」（鄭暎惠〈未經言語化就身體化的記憶，與複合性身分認同〉〔「言語化されずに身体化された記憶と、複合的アイデンティティ」〕[46]）

鷺澤也好，鄭也好，都有「部分壓倒性」及「部分無法了解性」。並且，對於有神祕色彩的確信或心痛的感覺，雖然覺得有其不可思議之處，卻也都先暫且在心裏肯定。但並非將之絕對化，而是重複往返逡巡和自問。**強度**是存在的，卻沒有全面性同一化。她們是投企的、暫定的、部分的進行對「父親」的同一化。保有**強度**的暫定的部分的同一化。將自己投企在那裏。我想，這是一件困難的事，卻是一種能帶來寬廣的拓展及連結的態度。

第七章

位置性的設問

此外，我希望大家憶起，全世界少數民族之間發生衝突的時候，是比跟主流派直接衝突要安全的。直接跟主流派起衝突，就像是朝空中擲槍試圖射穿目標物一樣。

——阿諾德・明德爾（Arnold Mindell），青木聰譯，永澤哲審稿《紛爭的心理學：融合的火焰之作用》（*Sitting in the Fire: Large Group Transformation Using Conflict and Diversity*）47

以位置性為主題之爭議

除了你是以何種身分發言的這個身分認同的政治之外，後殖民性的狀況下屢屢造成問題，演變成挾帶激烈情緒的爭議的就是，某個問題、是誰、站在什麼位置、向誰訴說的，這種位置性的問題。環繞女性割禮（Female Genital Mutilation或Female Genital Surgery，FGM）或曾經是從軍「慰安婦」問題主題的爭議記憶猶新。另外，思考美軍的沖繩基地等問題時，發言者的位置性也不時會有人提起；若有人針對各種弱勢族群問題從事支援運動或研究時，也常有人會質疑其位置性。

原本難以化為言語的創傷，卻要想辦法訴說，這個發言的舉動，顯然帶有本質上的矛盾。正因如此，我才會描繪環狀島地圖，試圖摸索出發言舉動和環繞創傷主題的發言位置、發言能力之間，在某種意義上是違反直覺的關係應有的樣貌，而我想它也同樣能夠幫助解讀環繞在位置性的爭議上。

在此首先我想嘗試以FGM爭議為例，重新用環狀島論來審視位置性的問題。

FGM是非洲主要施行於伊斯蘭文化國家的一種儀式，有的是割除女童的陰蒂，有的是割除女童的整個陰蒂和小陰唇，也有的是將整個外部性器官全部切除後縫合，僅留一個小孔，無論是哪一種，都讓女童身心受創。歐美及日本的女性主義者認為ＦＧＭ是「女性歧視問題」、「對女性的暴力」和「父權制度的暴力」，發起了根絕這個習俗的運動。不過，這些女性主義者卻遭到當地女性及該區域專家的批判。批判的內容是：雖然你們以「同為女性」的形式振振有辭，但你們是「第一世界的女性」，未必共有當事者性（受害者性）吧？就算要以協助者身分談論，不會對當事者身處的文化文脈與當地狀況了解太少嗎？你們能夠大聲發言靠的是文化帝國主義式的權力性，而這沒有反而壓制了「第三世界女性」的聲音嗎？你們大聲發言這件事本身，沒有變成「對第三世界女性發言的壓抑」嗎？

內斜面對外斜面的設問

當位置性遭到檢視時，就像「歐美及日本女性主義者」對「當地女性」般，往往是當事者對於身為非當事者卻表現得像協助者或代辯人的這些發言者抗議的控訴。這種情況用環狀島來看，可說是對於**外斜面**的人，**內斜面**的人丟出的設問。（請參考表一和圖九）。在此遭到檢視的，是發言者是否適合擔任談論這個問題的角色。關於這個問題，是否具備充分知識（當事者的語言、文化、當事者身處的現況等）、是否充分理解受害者的痛苦、是否能預測到自己的發言將會帶給當事者怎樣的影響？

在議論位置性的時候，把自己設想　遭到質疑的那一方，也就是**外斜面**，還是質疑的那一方，也就是**內斜面**，引發的憂慮或感情會截然不同。

內斜面的人面對**外斜面**的人時，未必只因為對方是協助者就歡迎他們。他們跟自己哪些方面相同、哪些不同、做為友人是否值得信任、往後能否並肩作戰下去、能否協力合作下去、都會面臨仔細的評估。

他們應該也會懷疑，自己的聲音會不會被奪走、會不會遭到誤解蒙受不利？說起來明明不是當事者的人為什麼會試圖涉入？有沒有什麼隱藏的意圖？曾經經歷過好幾次背叛的**內斜面**的人，可能會想試探**外斜面**的人。想涉入多深？打算什麼時候逃走？

而另一方面，對站在**外斜面**的人而言，可能會感到，自己懷抱善意接近，卻遭到懷疑、試探、批判和攻擊。「不要以為我們會感謝你們」、「不要以為你們已經徹底了解我們」這種態度，可能會澆熄協助的熱情。

在**內斜面**與**外斜面**之間，存在一個很大的差異，就是能否從問題中逃開。**內斜面**的當事者，是無法從問題中逃開的。往內側的引力太強，不是沉到**內海**去，就是緊抓著**斜面**以免掉下去（當然也有人可以藉由在自己內部相對化、或是整理、消化，來越過**山脊**，朝**外斜面**前進，但這需要耗費很長的時間，而且負荷愈重愈

表一　環狀島上當事者性的有無與當事者的關係

在環狀島上的位置	內海	內斜面	外斜面	外海
角色	死者 犧牲者	受害者	協助者	旁觀者 無知或不關心的人
當事者性	當事者		非當事者	
對當事者而言的關係性	受追悼的人	夥伴	友人	潛在敵人

（參考圖九）

困難）。相對的，**外斜面**則是朝向外側的力量較強。無法維持住想要參與的熱度，就無法留在那邊，熱度一下降，隨時都可以離開。涉入時是否有「逃走」的選擇餘地、是否有「繼續待在原地」的必然性，這些差距根植於位置性的各種設問中。對於形式上是協助或代辯的榨取或占領、還有溫和專制主義式的操控等之戒心，也可以從這裏充分了解。

不同的課題化與複數的環狀島

前面敘述了，位置性是**內斜面**的人對**外斜面**的人的設問。不過，仔細回顧議論，也有很多情況是，被投以設問的一方認為自己是當事者。這種情形，也可以理解為是從**內斜面**較接近內側，對較外側提出的設問。

如前章所述，對於同一事件或現象，課題

表二　隨課題化的方式產生位置性及關係性之變化

課題化的方式	歐美或日本女性主義者		對當地女性而言
女性割禮	非當事者	外斜面	協助者
女性歧視、對女性的暴力	受害當事者	內斜面	夥伴
對第三世界女性的壓抑	非當事者	外海或零點上空	旁觀者或敵人
父權制度的暴力	內斜面或外斜面	當事者或非當事者	夥伴或協助者

化的方式有複數的可能性，能畫出複數環狀島，而在不同情況下，誰是當事者、誰是非當事者，也會有所不同。特定兩個人的位置關係，也會有時互為當事者、有時是當事者和協助者、有時是受害者和潛在敵人。

ＦＧＭ也是，其實可說以何種形式課題化是個問題（表二）。如果將ＦＧＭ以ＦＧＭ原有的問題課題化，「第一世界（先進國家）的女性」就不可能成為當事者。不過，如果將ＦＧＭ視為「女性歧視」或「對女性的暴力」來描繪環狀島，「第一世界的女性」就也可以跟接受ＦＧＭ的女性以「同為受害者」的身分站在**內斜面**上。如此一來，「第一世界的女性」就也擁有以「切身之事」角度發言的「資格」。

但是，當然也可能有別的課題化方式。倘若將ＦＧＭ視作「對第三世界女性的壓抑」，在此時畫出的環狀島上，「第一世界的女性」就既不存在於**內斜面**，也不存在於**外斜面**了。她們非但既不是當事者也不是協助者，甚至是「加害者」。在這種情況下，她們試圖將受害者跟自己同一化、代辯或支援，就會是一件荒謬的事。位置性的設問，這時候就會是：「你們不是加害者嗎？」也可能演變到最後，當事者會宣告「你們是不能跟我們一起戰鬥的」。

附隨於中立及普遍性的偏頗

後殖民主義一直以來不斷反覆指出，向來被視為中立或普遍的判斷或知識，是如何以某種特權為前提，比方說，難道就只有先進國家、中上流、男性、白人、身心健全、成人這些多數人的觀點的判斷和知識嗎？

位置性的概念，在這一點上是非常重要的。對位置性提出設問，弱勢族群的人，能夠對來自多數的介入提出異議：雖然你說跟我同樣站在**內斜面**，其實你不是站在隨時可以逃開的**外斜面**嗎？不，換個觀點，其實不是只從**外海**旁觀而已嗎？何止如此，現在你不是在這裏壓抑我們、奪取我們的力量嗎？多數人，多半不會發現自己的多數性、沒有意識到其特權性、堅信自己的思考及判斷是中立且普遍的、試圖以協助或救濟的形式來介入弱勢群體。

對於這種多數、發言力及對周遭的影響力較大的一方做的課題化設定，弱者或弱勢族群這一方提出異議。迫使大家試著設想不同環狀島的行為。以往一直沒有放在俎上的側面也拿出來討論。懷疑議論時默認的前提，試著重新進行課題化。試著把藏在這些議論表面上平等性水面下的不平等性，拉到檯面上。

用明德爾式的說法，就是讓主流派去意識他們自己下意識抱持之「等級」的行為。他指出，即使乍見之下是平等討論的場合，察覺多數發出的「雙重訊息」（按：指言語訊息和非言語訊息相異），讓隱藏的權力關係之非對稱性顯著化，是達到能解決紛爭衝突的真正溝通不可或缺的（明德爾《紛爭的心理學：融合的火焰之作用》）。

就像這樣，我認為對位置性投以設問有重大的意義，而觀察實際場面，卻有一些構造上的危險性及容易落入的陷阱，列舉如下。

位置性的設問只朝向外斜面而不朝向外海

首先，位置性的設問，只有在「弱者的權利應受尊重」的前提共有的關係性或場合之下才有效。也可說是民主主義及人權思想、平等思想普及到一定的程度，後殖民主義中被殖民地者方的聲音高揚瞬間的局部社會思潮。也就是說，質疑位置性的這個行為，終究是對於抱持「尊重弱者權利」這種思想（即使實質上有相當差距）的情況下，身為協助者或救濟者試圖接近的人、**外斜面**的人做得到的事；對於明顯是要來攻擊的人則無法發揮任何效果。對於身處**外海**漠不關心的人，或是不在環狀島附近的加害者，則連質疑都無法質疑。關於ＦＧＭ批判歐美女性主義者是「壓抑第三世界女性的存在」的這些人，對於第一世界多國籍企業的高級主管，也不會有機會質疑其位置性。

當然，也不是不能說，真正的敵人總是以一副友人的面孔出現。狡猾的操控者大多是裝成有良心的介入者接近我們。假裝普遍或中立，好將自己的介入正當化。因此，質疑位置性是非常重要的。不過，當操控者豁出去，連假裝有良心或是口頭上的安撫討好都放棄了，以暴力或威脅相逼的狀況，以完全不避諱暴露出「力量代表一切」的態度接近的狀況，質疑位置性就變得完全沒有意義。對留心各據領地互不相擾、試圖讓自己可以不用接觸不同立場的強者而言，質疑位置性的聲音也不會進到他們耳裏。

位置性的設問可能將外斜面的人推向外海

第二，質疑位置性的行為具有一種危險性：可能會因為將**外斜面**的人納入批判對象，一個不小心就把這些人沖到**外海**去。大家會想：「只有試圖接近的人會遭到質疑追問，所以離遠一點才是對的」，然後可能到最後協助者就一個也不剩了。像前章指出的，**外斜面**的人，原本就處於微妙的立場：是「友人」，卻不是內側的人；是協助者，卻不是當事者。也就是說，協助者＝**外斜面**的人，位於內／外和友人／敵人這二種分類錯開的部分。（表一）。不過，內／外、友人／敵人這兩種分類間錯開的部分，並沒有普遍得到大眾的認知，導致相關人士間容易產生混亂及誤解，也常常雙方都受到傷害。

協助是很困難的。當一位協助者是很困難的。我們對於「協助者」這個角色，根本還沒有充分的理解，也還沒確立身為協助者的禮儀規範。必須理解自己處於微妙的立場、一個容易發生混亂且受傷的位置，然後摸索找出與當事者關係中的禮儀規範。協助者沒有必要隨時受到擁護，一派輕鬆的接近受害者也很令人困擾，不過當中也有些人是主動讓自己暴露在會遭到批判地方的勇敢人士。必須思考出對策，讓這些人能夠以不勉強的形式繼續協助下去。因為加害者最大的要求就是：「世界上所有加害人對旁觀者唯一的要求，就是什麼都不做。」（茱蒂斯・赫曼《從創傷到復原》，Misuzu書房，一九九六，參考本書第一章開頭引用）

在FGM爭議上，也有許多觀點指出，後來歐美女性主義者會迴避其他國家的問題，傾向於把焦點指向國內。當位置性的設問增強，越是認真看待的人，越容易消磨、疲憊、離開原地，因此，各據一方互不干擾的情況會有愈趨嚴重的危險性。要矯正學問「中立性」的偏離，就不能只將接近的人當成批判對象，對於那些在遠處擺出一副事不關己態度的人，才應該提出設問吧。

複合歧視與多層歧視

第三，在發言的位置性受到質疑的情況中，有不少是牽涉到複合歧視與多層歧視的。比方說具備民族歧視和女性歧視兩個側面的原從軍「慰安婦」問題。將原從軍「慰安婦」問題視為民族歧視而進行協助活動的韓國、朝鮮男性，會被質疑在女性歧視層面上不是加害者嗎，將問題視為女性歧視而進行協助活動的日本女性主義者，則會被質疑是否正確意識到自己是加害國的人。本來是為了協助那些自稱原從軍「慰安婦」的韓國阿嬤（按：「ハルモニ」，韓文發音的祖母、外婆、老太太，指韓國、朝鮮及在日韓國的老婦。在日本有時指原慰安婦）而集結的，結果，關於位置性的質疑卻在協助者當中帶來無數鴻溝。而原慰安婦應該是最希望自己聲音被聽見的日本男性，多半為了自己不要遭到加害者的指責，而盡可能避免牽涉到這個問題。

這並不僅限於原從軍「慰安婦」的問題。在位置性的質疑中登場的，往往是強者中的弱者、或是弱者中的強者，這種處於灰色地帶的人。是在自己內心兼有受害者性或加害者性的人（雖然思考到複合性身分認同的話，也可以說每個人都是如此）。兩端的弱者和強者彼此是遇不到的。真正的弱者沉在**內海**當中，無法提出異議申訴，而真正的強者早就離開了暴力現場，完全不會接近環狀島。

就像這樣，位置性的設問有不少對真正加害者或有權者有利之處。位置性的設問，從**外海**看來，不過是社會運動團體或夥伴間的「內訌」。這種「內訌」，一定有人從旁樂見。FGM爭議也好、原從軍「慰安婦」問題也好，一定有許多討厭女性主義的男性，冷眼嘲笑這些站在**外斜面**的歐美女性主義者或日本女性主義者受到批判。

所以，在弱勢族群彼此產生對立的時候，確認引起對立的理由、瓦解「內訌」的構造是很重要的。正因為所謂的有權者，都會設好讓雙方互相毀滅的局面，然後自己就遠離，從高處觀望。

根源於可視類別或團體歸屬的位置性設問之極限

第四，位置性代表其他人如何看待發言者身分，所以發言者很容易就會被依性別、民族、階級等可視的類別來分類。

在類別上，思考團體的權力關係和構造的不均等是很重要的，當有人主張其普遍性及中立性時，去認識潛藏其中的多數視點及利權是很重要的。站在預設狀態（指被視為標準自動設定好的「省略時的選項」）的立場，擁有無標（按：不用特別說明）特權的多數。比方說生活在以白人為中心社會的白人。去揭露他們特權的伎倆是很重要的。不過，依照類別去判斷個別的行為者，很容易帶來刻板印象，結果可能只是徒勞一場。將人以所屬團體來分類的行為，就算對象是強者，仍然是一種歧視，也可能是一種暴力。不管是怎樣的人、不管他看起來多麼擁有特權，都可能有從外部無法窺得的原委、有可能扛著著什麼沉重的負擔。即使看起來像是不曾吃苦的多數菁英，事實上並非如此的例子是很常見的。針對國家或地方政府的首長等握有大權的人，有時候確實最好進行個人的分析或解釋，不過我認為必須有節度。

前章我用了「部分無法了解性」一詞，要百分之百知道一個人是什麼樣的人，這是誰（就連本人）都辦不到的。每個人在生活中，多多少少都有自己的傷口或祕密、背負著看不見的重擔、試圖偽裝自己來矇騙別人，有時候也矇騙自己。

「彈劾」行為，向來在反其實運動中扮演重要的角色，不過也引起了對反歧視運動的恐懼及偏見（Koperu編輯部編《讀〈考察同和的恐怖〉》〔『「同和はこわい考」を読む』〕）[48]）我想是因為，彈劾是質疑歧視者位置性的行為，同時也會讓人想像你會被歸在某個類別下、緊緊相逼、連私底下隱藏的傷口都會被挖掘出來。

女性主義「個人即政治」(the personal is political)這句口號本身是正確的。不過，將發生在個人關係性中的事，全部以政治角度看待，而且還是只透過女性／男性這個固定的類別來看待，就有可能會大大錯看擁有複合性身分認同的各人個體之存在。

「正確性」未必是問題

在質疑位置性的時候，我們應該先有一個認識就是，它未必等於質疑發言內容的「正確性」。即使是正確的事，當事者自己也承認，並且積極談論這件事，當從別人口中聽到時，卻還是會帶來完全不同的情緒。

舉個淺顯的例子，我常覺得「在日本女性遭到壓抑」，也發表過這樣的意見。但從外國的日本研究者口中聽到時，卻一點也不高興。甚至會趕到悲傷或反感，有的說法或語境甚至會讓我感到激烈的憤怒。有些痛楚來自別人指出自己不知道的事，也有些痛楚是來自別人指出自己知道的事。或許還有些痛楚，是來自別人逼著面對那些自己其實隱約察覺卻一直挪開視線不想正視的事。被別人指出的這件事本身，就已經被迫感到彷彿別人在自己之上，同時也像是被別人認為自己沒有察覺這件事一樣，會很悲哀。聽到：「明明已經察覺到的事情，也真虧你能忍下來」又會覺得遭到責難或同情。會想能夠反問：「你說的是什麼意思？壓抑兩個字，其實是很複雜糾結的，無法單純從中逃脫或是一言以蔽之，這些你都知道嗎？」也會想幫「同胞」說話：「日本男性也不是每個都是壓抑者啊」。

對位置性提出設問時，感情會如影隨形。如前章所述，「部分壓倒性」會造成創傷。受害者會因為身為受害者感到屈辱或羞恥。就算知道錯不在自己，還是很難逃離不堪的感覺，就算對方是基於善意，傷口被碰觸到還是很痛。當然，從外部介入的人那種「我是為了你好才來幫忙的」這種傲慢，或「你好可憐」的憐憫態度也會觸怒對方，但原因不僅止於傲慢和憐憫。有時不經意的一句話引發激烈的反應時（我覺得「踩到地雷」這個表現貼切絕妙），在一觸即發的狀態下，傷口會血淋淋地裂開。那才是問題的核心，不應該將它矮化為「情緒化的反彈」、「怨恨」（ressentiment），這樣只會引起更進一步的藐視，愈來愈遠離問題的核心。情緒化的反應及回彈，沒有必要視為程度低的東西。它們是深切感受事物、深切牽動事物的感情。劇痛、恐懼、羨慕、嫉妒、憤怒、憎恨、不信任。因為無法直接向加害者宣洩，或許會「遷怒」到**外斜面**的協助者身上。協助者沒有必要將那些感情攬在自己身上照單全收。我認為，不需要反擊或遠離，只要繼續站在原地，去感受那些感情的強度就好。那會是一件非常困難的工作，卻是非常重要的態度。

倒是不論ＦＧＭ或是原從軍「慰安婦」問題，我過去一直覺得很不可思議，為何當位置性有爭議時，多與性別有關。或許那是因為，性別會喚起強烈的感情，帶給當事者及協助者「部分壓倒性」和「部分無法了解性」。

ＦＧＭ之所以受到矚目，許多人應該正是因為它傷害到性器官這個敏感的領域，讓人想像自己的身體，彷彿親身感受到那種痛楚，而進行了「投企性同一化」。

另一方面，雖然文化及時代會造成些許差距，關於性的話題，一般會避免在公共場合談論。性是經常存在的，但只會在沒有化為言語的情況下，變成「部分無法了解性」回歸。在有ＦＧＭ習俗的文化中，多數女性，應該會對自己的性器官問題被當成話題這件事本身，強烈感到「屈辱」吧。但是，要將這些屈辱感言語化，又是一種困難。正因如此，必然會有人質疑那些毫不遲疑從外部高聲談論的人之位置性。

「難以教化的無知」與「難以教化的有知」

在位置性被質疑時，有人指出發言者「難以教化的無知」（岡真理《什麼是她「正確」的名字》〔『彼女の「正しい」名前とは何か』〕[49]）。那些高聲談論ＦＧＭ廢止的人，連伊斯蘭或非洲女性過著怎樣的日常生活、除了ＦＧＭ之外還被迫面臨什麼樣的問題，都不知道。這當中存在著「不必知道的權力」、「維持無知的特權」（賽菊寇《暗櫃認識論》關於 privilege of unknowing 的議論。此外，也請參照宮地尚子〈治療者的性別敏感度〉）。所謂的身分認同，可以看一個人知道什麼，不過從反面來說，也等同於看一個人不知道什麼、或是自認可以不必知道什麼。為什麼我們不知道伊斯蘭或非洲女性的日常生活？為什麼沒有試圖去了解？位置性的設問，會迫使我們自省。人無法無所不知，錯的並不是無知本身。不過，知識上壓倒性的不對稱會帶來結構性的暴力。發言的人，至少有責任知道自己是無知的，也必須有一定程度的理解，有些瞬間是不容許在不知情的情況下發言的吧。

不過，同時我覺得應該受到矚目的是，被質疑的發言者擁有或許該被稱為「難以教化的具有智慧」和「難以教化的過度智慧」這一點。試圖協助或代言而從外部來的人帶來的知識。讓自己具備俯瞰的觀點、掌握歷史的來龍去脈、知道如何比較審視、能夠對結構進行分析、擁有能將事物概念化或理論化的語彙。這些都是當地女性多半無法獲得的知識。

光憑讀一本專書，就能比當地人更全面性理解當地的狀況。而手中有地圖，也幫助他們比當地人更能夠「前瞻」（環狀島的目標也是擁有這樣的地圖……）。由於掌握了歷史上的來龍去脈，「預測」也會更加正確。彷彿搭乘直升機從上空俯瞰全體的知。假想從亞洲或非洲偏鄉到歐美留學的年輕人，在大學圖書館的一隅，看到自己出生長大村落的地圖或民族誌。這時的衝擊，不會帶來屈辱感嗎？

試圖談論FGM的外部人士，去質疑他們的位置性，說「你們什麼都不知道」並不難。你可以說：「你知道什麼？就算知道在那裏什麼會被截取出來，可知道我們每天的生活是什麼樣子嗎？」但是，有可能去批判「你們知道得太多了」嗎？

當然，因為不是當事者才辦得到的協助者這個角色，正是會引進全面性的知、能瞻望未來的知，應有其重要性在。

關於社會運動家及研究者的角色及應有的關係，在女性主義中也長久以來為大家所議論至今。將那些在現場久待會漸漸看不到的一些事可視化、言語化，研究者的這個角色應該是非常重要的。

愛麗絲・華克（Alice Walker）的「投企性同一化」

在FGM爭議中，成為批判對象之一的，是愛麗絲・華克。她是非裔美籍作家，高度關切FGM問題，為了根絕FGM製作紀錄片《戰士標誌》（*Warrior Marks*）[50]。

華克雖為「黑人」、「女性」，但在「非洲人」這一點上，位置性會遭到質疑。

而她的影片受到的批判有：將非洲呈現為野蠻的象徵、面對表示「不會允許祕密公開」的FGM施術者，告訴對方「這已經不是祕密，是眾所周知的事實」，試圖揭露對方的無知、過度強調過去祖先被當成奴隸這個身為黑人的共通點、主張FGM不是文化，而是酷刑、是慣常性虐待，「明明是個外人」，卻講得過度露骨。

的確，在喚起製作電影人群的注意這個意義上，她或許利用了身為「第一世界女性」的特權。此外，她的名氣，或許帶來了各種預料之外的論述（discourse；按：另譯為言說、話語，大於句子的語文單位，包括會話、對話、文章等）效果。

不過我個人對於華克對置身在FGM危險中的非洲少女們漸漸進行「投企性同一化」的過程感到極高度的興趣。因為就個人層面而言，我可以從中感覺到一種必然的關聯。

華克小時候，因為哥哥半開玩笑把她當成空氣槍的靶子，導致單眼失明。空氣槍是「聖誕老公公」給哥哥的聖誕禮物，女孩子沒有收到空氣槍。在黑人歧視遠比現在更公然的當時，為了發洩在勞動工地被凌虐的苦悶，周遭的男性都很愛看電視上西部片的槍戰，而這件事也成了哥哥使用空氣槍的遠因。

被空氣槍射中眼睛的痛楚、白濁的眼珠、視野的狹窄、它所造成的步行障礙、在學校遭到的霸凌及疏離感。父母很冷漠，既沒有安慰她，也沒有處罰哥哥，甚至責備錯在她，貶低她的價值。不斷增強的孤獨感和搬到祖父母家住等，這些甚至導向了她想自殺。

在她眼裏，自己哥哥造成的眼傷，跟非洲少女們性器官遭割禮的傷是一樣的。受傷的部位雖然不同，但痛楚及留下的傷痕、身心障礙、孤獨感和疏離感卻有重疊之處。不僅如此，她還在兩邊都看到「父權制度的暴力」。所謂「父權制度的暴力」，不僅指男性對女性的歧視或暴力，還要加上年長者對年少者（還有大人對孩童）的壓抑及暴力。不僅如此，男性對女性、年長者對年少者的暴力，是直接在家庭這個單位當中發揮，而操控式的社會構造就成立在其上。

為什麼應該同為黑人歧視受害者的哥哥，攻擊年紀更小的妹妹？為什麼身為女性應同為受害者的母親，非但沒有保護女兒，反而深深傷害她、站在壓抑的最前線？家人，這些原本應該是朋友的人，卻成為社會性操控及壓力的實施機關、扮演了暴力的直接實行者，這種諷刺而殘酷的構造。而且，是發生在彼此一直同為人種歧視及奴隸制度所苦的受害者之間。

ＦＧＭ也是實行者是傳統施術師，但委託施術的是家人，而受傷的是家庭中最無力的年幼少女。華克高喊：「因為是非洲的女孩，就任由她們受虐嗎？假裝聽不到她們的哀嚎悲鳴嗎？」

對華克而言，「父權制度的暴力」是她拚命想得知為什麼自己會受害、為什麼自己非得不斷受磨難的過程中，在女性主義中找到的詞彙。並不是先有概念，然後套上這個詞彙，而是靠自己不斷在錯誤中摸索，終於抵達的答案。她對接受FGM的少女那種強烈關聯的認識、「這個女孩就是我」的「投企性同一化」，就在它的延長線上。此時，「父權制度的暴力」這個詞彙及概念就栩栩如生的呼吸著、脈動著。

對於既有物品的形狀，怎麼批判都批判不完。不過，促使環狀島形成的原動力及形成過程當中產生的連結中，不是才看得見希望嗎？賦予「客觀的」既存類別生命的「投企性同一化」、探索、發現與呼應過程中的「暫定性同一化」、在那裏無法預測性總是糾纏不放，但也真因如此，形成的過程自有其意義。不妨礙這些原動力、投企或呼應形勢下的位置性設問，當然是可能的。

而在位置性的設問中，重要的是不管提是問的人或被問的人，都沒有抱持「全面性同一化」的幻想或願望，而承認彼此的他者性。就算遭到批評，也不會將它視為一種全面性的否定而立刻離開。在進行健全的「部分同一化」時，也不否定強度或「部分壓倒性」，也一併抱持「部分無法了解性」。而這也是對於只要有人設問，溝通就存在的這件事，抱持了肯定的觀點。

第八章
加害者在哪裏？

靈魂與靈魂的焊接，瞬間的閃爍。

——保羅・策蘭（Paul Celan），飯吉光夫譯《光明之迫》（*Lichtwang*）[51]

「我的祖父是奴隸
這件事很令人悲傷
不過
如果他是奴隸的主人
我應該會覺得很羞恥吧」

——胡麗亞・德・博赫斯（Julia de Burgos）、雅德里安・李奇（Adrienne Rich）合著，白石Kazuko、渡部桃子譯《雅德里安・李奇詩選》[52]

加害者的位置

關於受害者與協助者的關係，當事者與非當事者的關係、發話者的位置性問題、我們嘗試了與複合歧視、複合性身分認同、脫離身分認同論一併思考。同時，也記述了複數環狀島以及在環狀島形成過程中同一化的樣貌。

在這樣反覆思考受害當事者與協助者間關係的時候，就是會湧上一個疑問：「那麼，加害者究竟在哪裏？」因為環狀島屬於那些針對自己所受創傷發言的人，所以原理上加害者應該不在其中。同時，也可以說，正是因為加害者不在，受害者和協助者之間，才有可能發生將原本對加害者的憤怒或恐懼、懷疑等情緒發洩在彼此身上的現象。不過，這同時也意味著加害者至今依舊對整座島持續發揮著強大的影響力。

加害者究竟在哪裏？如果要先提供答案，那麼，加害者過去位在**內海**中心位置**零點**的正上方，現在也還在。它明明是個「幻影」，卻充滿臨場感在那裏主宰天下。所謂的**零點**也是爆心投影點，其正上方，不用說當然就相當於「艾諾拉・蓋伊號」(Enola Gay）轟炸機在廣島投下原子彈的位置。另外，**零點**正上方，也可以想成仲夏正午太陽的位置。地面上幾乎無法形成任何庇蔭，在這樣的相對位置關係下，不管你在哪裏，都很難逃過那幾乎將人烤焦的陽光。同時，這個位置卻也能夠讓瞬間光芒射入**內海**中心位置如黑洞般深的海底。

加害者早已離開，不在現場

加害者過去在**零點**的上空。不過加害者做完他要做的事，就迅速離開現場了。他可能會預留在那裏拍照留念的時間，但不需要久留。他既不想曝曬在輻射能下，也不想看那些人淒慘叫喚，更別說留在那裏任由倖存受害者怒罵，誰受得了。因此，現實中的加害者早就離開，從環狀島附近消聲匿跡。或許頂多擺出一副事不關己的嘴臉，漂流在**外海**遙遠的彼方，遠到**外海**這個詞的意思幾近蕩然無存的大洋中。連島的存在都不用考慮的大海盡頭、一個島上的人想彈劾也彈劾不到的地方，就算想揪住他的領子帶回來，也怎麼都找不到的地方。

環狀島原本在創傷事件發生後，一定要經過相當的時間才能成形。等到生還的受害者察覺自己痛楚的由來，終於認識到事情的經過，憤怒漸漸高漲，決心要質問加害者的時候，加害者已經離得遠遠的了。例如使用非加熱血液製劑造成血友病患感染ＨＩＶ的那些主治醫師，等到血液製劑輸注感染愛滋病（藥害愛滋）的全貌終於攤在陽光下時，早就轉到別的醫院工作，不用面對以前負責治療的病患了。

行政上的負責人和製藥公司的營業部人員也早就完成部署調動，被留在現場的只剩病患和家屬。基於受害造成的健康損害、經濟上的損失、心理上沒有餘裕以及歧視等因素，導致無法輕易轉院、搬家的是受害者，移動的自由屬於有權力的那一方。在藥害愛滋官司受到眾人矚目的情況下，原告和協助者曾用「人鏈」包圍厚生勞動省，那是讓那些遮臉竄逃的加害者的領域顯露出來的、稀有的一瞬間。藉由這個方式，「人鏈」也讓那些沉沒在**內海**的死者及在病床上無法動彈的人們的存在及冤屈浮現出來。

加害者在現場（／在那裏／在身旁）

加害者的肉身離去，不再存在於**零點**正上方，也就是日正當空的位置。但是，在此同時，在受害者眼中，加害者至今依舊在那裏繼續主宰著天下。

中井把霸凌的進展過程畫分為「孤立化」、「無力化」和「透明化」三個階段，並參考本身的受害經驗，做了精細的描寫。（中井久夫〈霸凌的政治學〉《阿莉雅杜妮的線》[53]）。書中，他針對最終階段的「透明化」有下列描述。

> 有時候，受害者的世界還會愈來愈狹窄。跟加害者的人際關係是唯一有內

容的人際關係，大人和同學們也會變成非常遙遠的存在。很遠、實在太遠、看起來就像是居住在另一個世界的人。

在空間上，沒有加害者的空間，很矛盾的是，會化作沒有現實感的空間。不，就算家人帶你去國外旅行，加害者依舊「在那裏」。空間充滿了加害者的臨在感。怎樣都無法逃離加害者的眼睛，加害者的眼睛會逐漸布滿各處。就跟極權國家人民總是感覺得到獨裁者的眼睛無所不在，是同樣的機制。

中井指出的加害者的臨在感和遍在性，不只是霸凌，舉凡施加於人的暴力造成的創傷幾乎都適用。例如家暴受害者，不管在家中的哪一個角落，都會覺得無法逃開加害者的視線。就算加害者不在家，還是會覺得遭到監視、命令和辱罵。甚至已經逃離加害者、分居之後，對方曾說過的一字一句，仍然繼續在腦海裏迴盪。必須做出決策時，耳邊會聽到「憑你是做不出正確判斷的。」「你做什麼都會失敗。」光是別人輕觸自己的肩膀，就會喚起赤裸裸的觸覺記憶。太習慣遵循對方要求的清掃或洗淨碗盤的方法，一輩子都改不掉。出門時，遇到每一個轉角，總會禁不住覺得對方埋伏在那裏。

透過恐怖的體驗，加害者的存在深深烙印在受害者腦中，加害者操控著受害者的空間與時間，還會透過一些小小的契機反覆侵襲受害者，可說是PTSD的重現症狀、創傷性的幻聽、幻影、幻覺吧。

不過，以「幻影」而言，它們卻又過度鮮活真實。相較於內面化的記憶，它們有著伴隨現實感的、來自「外部」侵襲、刺激的存在感。現實世界失去真實感，取而代之的，卻是這些非現實世界中過度鮮明的真實感。

在加害者眼裏，那些都是「被害妄想」，而在第三者眼裏，可能也不過是「過度反應」。但是所謂恐怖體驗和創傷記憶就是如此，加害者的存在，會在受害者的腦或身體深處繼續產生作用。就像原爆結束後，輻射能會透過遭到汙染的土壤、水和食物繼續發揮影響一樣，像輻射能消失後，慢性輻射傷害會在體內繼續進行一樣，受害者會繼續受到加害者幻影輻射的傷害，繼續惡化。就算加害者是「幻影」，繼續暴露在輻射傷害下，卻是不折不扣的殘酷「事實」。

只有從正上方才看得到的傷

以受害者的角度來看，明明就是壓倒性的存在，但對第三者而言，卻無法想像加害者的臨在感。加害者本人也是，只要別觸及事件，或許可以若無其事維持平靜。那就是創傷的本質，也是前述「部分壓倒性」的意思。

金時鐘曾經深深捲入濟州四．三事件，卻一直無法將自身體驗化為言語。他描述：「言語這種東西，在會壓倒你的事實面前，是完全無力的。」「記憶，如果像一條線多好，這樣就可以拉出來，再把它捲起來了。事實上，當你試圖想起的時候，它會一整塊排山倒海的壓擠過來，所以無法將它化為言語。」然後，接下來他是這樣說的：「我覺得，所謂的事實，就算對個人而言是壓倒性的，卻是像球體上的一個斑點。當你從正上方看，那個斑點會被特寫，看起來彷彿是一切，但有些斑點，只要換個角度，就完全看不見了。」（金石範、金時鐘《為何一路寫到現在、為何一路沉默到現在：濟州島四・三事件的記憶與文字》[54]）

明明是無法化為言語的一大塊物體，稍微偏個角度，看起來就像不過是個小斑點的經驗。只有從正上方才看得到的傷。只有受害者才知道的臨在性和受操控感。

在前章開頭引用了明德爾的話：「直接跟主流派起衝突，就像是朝空中擲出標槍試圖射穿目標物一樣」，這裏也同樣用了「正上方」的比喻。儘管主流派從上方壓制住自己、操控自己，當你想要迎戰時，擲出的標槍卻徒勞越過天空，什麼都射不中。無法追趕能夠自由移動的主流派，也無法看見對方的真面目。不僅如此，射出的槍還會因重力，最後落在自己頭上。

井底

「正上方」、「垂直」這些比喻，會讓人想起村上春樹《發條鳥年代記》中的那口井。「諾門罕戰役」後，一位日軍中尉遭敵人丟棄在中國大陸的一口枯井，在乾涸井底度過好幾天。漆黑中，一天只有一次，在極短的時間當中，陽光會射進井底。太陽升到正上方，接近正午的時間。那是自己的存在、自己的傷，暴露在陽光下的瞬間。

正上方的光，通常意味著希望。結果光源注入的，是過去敵人把他推下井底的所在之處，也是之後敵人群聚過來當著他的面解手的地方。

就算光線照到他，如果來自敵人的手電筒，被敵人發現他還活著，那就會變成奪取他性命的子彈發射的場所。實際上，強光照射到中尉的瞬間，他感受到自己「像是生命的核的東西」完全燒光了似的（村上春樹《發條鳥年代記：第一部鵲賊篇》[55]）。

這道光，應該可說跟策蘭（Paul Celan）最後的詩集《光明之迫》[56]裏的光同質，同質的點在於，自己原本該死時，卻無法隨光逝去的憾恨；還有，在於確信自己當中已經有什麼隨光逝去了。應該重生再現的光，壓倒性遠遠凌駕於現實生命的真實性之上。

而在幾十年後，《發條鳥年代記》主角鑽進當年的枯井，試圖連上歷史的記憶。一開始，枯井的井口被鄰家女孩笠原May蓋上。不久，他自己蓋上井口的蓋子，遮斷光線，沉潛到黑暗中。為了跟帶走妻子的人一決勝負，潛向**內海**中心深深的海底。在擺脫掌握生殺大權的枯井出口束縛、不再仰仗光線帶來希望之時，他才終於找到脫離敵人操控的可能性、找到切斷和加害者間「外傷性連結」的可能性。

外傷性連結

現實中，加害者明明不在場，卻繼續從**零點**正上方或是井的上方繼續操控著受害者。對受害者而言，加害者的臨在感明明具有壓倒性，但周遭的人是看不見的。這或許可說顯示了受害者與加害者之間偶然的「外傷性連結」。事件愈是嚴重悲慘、愈是難讓第三者相信、愈是因為恥辱感而難以啟齒的狀況，加害者與受害者之間，就愈會產生共有「祕密」的一種排他性的連結。無論受害者多麼憎恨加害者，真正知道到底發生了什麼事的，除了受害者，就只有加害者了。

這種「外傷性連結」，在單次創傷中也會出現，不過在長期反覆的創傷中特別強固。而對加害者的矛盾情感，又會烙下更深的陰影。這樣的矛盾心態，起因於加害者對受害者的感情、受害者必須依賴加害者，或是受害者只能仰仗加害者傳授的知識或話語等。正因曾經深愛過、崇拜過、相信過，當受害者發現自己遭到欺騙、利用或壓榨時，由於加害者背叛，以及自責的感覺而痛苦不已。愛恨參半的感情和動彈不得的關係，會招致自我混亂。不管是家暴、性騷擾或近親性侵等個別人際關係的創傷，或是歧視、殖民地化等集體弱勢族群的創傷，都是一樣的。

關於在濟州島迎接的終戰（＝日本的戰敗＝殖民地朝鮮解放日），金時鐘是這樣描述的。

或許所謂的解放是一種誤解。稱八月十五日為解放日，於我而言，嚴密的說，是半日的解放。整個上午，我是帝國、皇國少年啊。而大家說甦醒了的那個祖國，在八月十五日的上午也還在殖民地統治下。講到八月十五日，我覺得是整日的解放日，但實際上卻是半日的解放。即使到了真正的正午，我的影子依舊潛居在腳下。當我想到自己的時候，會覺得是「體內住著中天的人」。所謂的中天，是指太陽在正上方時，是正午對吧。即使是正午，腳下還是有影子朝著北方伸展呀。（中略）依舊沒有獲得解放的我的半日，又是什麼呢？那些在影子裏凝神注目的東西，一直以來我也提心吊膽的注視著它們，但我所剩的時間即將用盡。那些在影子裏的東西，才是我的日語，是我所懷抱的、我的日本。

——《為何一路寫到現在、為何一路沉默到現在：濟州島四・三事件的記憶與文字》57

發自正上方的光。沒有獲得解放的半日。微小的影子，讓人稍微獲得庇蔭。認真吞下日本的同化教育，只會說日語的自己這個存在，金時鐘對它的體認是「體內住著中天的人」。

對於持續用日文寫詩的他而言，也是持續懷著跟日本間的外傷連結吧。

策蘭也是如此。

據說，策蘭旅德的次數有限，但總是極度緊張，出現在聽眾面前之前，總是在休息室發抖（飯吉光夫譯編《保羅・策蘭詩集》）。

即使如此，策蘭還是不斷用德文寫詩。

加害者的贖罪與受害者的赦免

細長垂直的空間，正上方只有加害者，正下方只有受害者的井。顯現「外傷性連結」的細長空間。明明應該是早已結束的事，對受害者而言，什麼都還沒結束。感覺上是活生生的現實、感覺上未來也永遠不會結束。加害者會繼續操控者受害者，不僅是過去，也持續侵襲著受害者的現在與未來。理解這些事，對於思考加害者與受害者「和解」的可能性，以及加害者的賠罪和賠償、還有受害者的饒恕及復原，都會有很大的幫助。

我曾聽過一句話：「和解並不是饒恕對方，而是饒恕對方的存在」。如果是這樣，可以說是受害者變得能夠容許加害者真正的肉身存在於井的正上方。當這一點實現時，就表示加害者已不再有臨在感及壓倒性的操控力量。

為了要達到這個目標，當然會需要加害者有所改變。不僅如此，這個變化必須能夠讓受害者實際感受到並且接納它，使雙方關係產生變化，進而讓受害者從外傷性連結獲得解放。

受害者通常希望得到加害者真正的賠罪。最想要的，不是賠錢或任何其他的手段，而是由衷的賠罪。為什麼呢？因為真正的賠罪，代表加害者不再是發生事件當時的加害者，是一種再也不會回到當時的宣言。因為如此一來，代表他們不再是在井的出口或是**零點**上空繼續發揮全能力量的那個存在，而受害者也能夠如此相信，從過去的幻影中獲得解放。

有人質疑，多樣且具流動性的身分認同論調，是用來規避責任的。上野針對這種批判，提出論述，主張無關乎具一貫性的「責任主體」這種法律觀念，能夠透過變貌達成的責任主體，本身是存在的（上野千鶴子〈脱離身分認同的策略〉〔「脱アイデンティティの戦略」〕[58]）。她還以坂上香導演的紀錄片《Lifers 超越無期徒刑》[59]為題材，積極試圖理解犯罪加害者的變貌、及其造成（或者沒有造成）的受害者（包含遺屬或所屬團體成員）之變貌，還有兩者關係變貌的可能性。這也可說是追求從外傷連結的解放。

那麼，加害者能夠認識到自己造成的傷有多深、進而產生變貌嗎？有可能切膚感受到受害者的恐懼及無力感嗎？

家事法庭調停、官司中的家暴或性暴力受害者，每逢提出紀錄和證詞的時期，受害者的身心症狀就會顯著惡化，對於可能會在哪裏遇見（如字面上意義的遇見）加害者，感到非常害怕。遭到指名為加害者的那一方卻是困惑的，因為他們無法理解。

就算有人告訴受害者說，加害者已經不在那裏，但受害者依舊感到加害者如影隨形。但是，加害者卻否定受害者這種感覺，並且主張自己並沒有像是受害者形容得那麼恐怖，聲稱自己才是遭到受害者威脅、隨時提心吊膽的那一方；這中間阻隔著一道環繞真相的、難以跨越的鴻溝。

不過，當被點名為加害者、拉到井的正上方，被迫往井底看，在沉在井底的受害者的眼瞳凝視之下，加害者或許才會生平第一次發現整件事的嚴重性。加害者或許才會終於認識到，受害者跟自己一樣是人，會思考、會傷心。他們或許會認知到受害者的人性、對受害者的痛楚和艱苦感同身受。

然而，如果發生的痛楚和艱苦是「再也無法挽回」的狀況，那種感同身受可能危險到足以毀掉加害者。下令在廣島投下原子彈的伊薩里〔Claude Robert Eatherly〕，在美國被視為英雄，但第一次看到「化為廢墟的廣島市和被燒成炭般浮在水面上那些屍骸的照片」，精神狀況就崩潰了（克勞德・伊薩里〔Claude Eatherly〕、君特・安德斯〔Gunther Anders〕合著《廣島，我的罪與罰：原子彈飛行員苦惱的信件》〔Burning Conscience〕）[60]。

如果加害者把對方看成敵人、看得比自己低賤卑微、認為對方是「不配為人」的動物、看成是自己的所有物，這個人是不會留下創傷的。但是，當和受害者視線對上、發現受害者也是能跟人對上視線的人類，這時候，加害者就可能受到創傷。曝曬在受害者視線的逆向照射下，加害者會與受害者產生連結。這個時候，輪到加害者毫無遮蔽的暴露在受害者面前。

常常可以聽見從戰場生還的軍人PTSD的話題，他們之所以會出現（能夠出現）PTSD症狀，或許是因為還保有把人類看成是人類的能力。但是，這個代價卻很沉重。而只要PTSD是一種「病」，大家就會認為，症狀容易發作的人是因為心靈脆弱；這是加害和創傷最大的諷刺。

要幫助加害者逐漸從外傷性連結中解放，加害者能夠做的，是改變自己，並且讓受害者看到這一點。只不過，人真的那麼容易就能改變嗎？

「人是可以改變的」，這在理論上永遠是真實的，但在現實賦予的條件（例如內在、外在資源、提高動機、周遭的支援、時間等）中多半極度困難，這也是不爭的事實。

當對於加害者無法有效發揮影響力時，該怎麼辦呢？我認為，協助者或治療者或許可以前往加害者（過去曾經存在）的位置，將受害者救出來。

加害者的幻影阻擋在前方。受害者此刻感到恐懼、以為加害者又來了，試圖潛到更深更無法觸及的地方，我們可以一直向他們伸長手，告訴他們：「我不是加害者，是站在你這邊的友人。」

藉由反覆告訴他們：「凌虐你的加害者已經不在這裏了，你看到的是幻影、你所畏懼的一切已經過去了。」幫助他們不是用頭腦，而是用身體去相信這件事。

在這層意義上，受害者將加害者的影像投影到治療者或協助者身上、引發激烈情緒反應的時候，或許正好可以成為受害者恢復的轉機。當然，這也是發生再度創傷的危險性最高的時刻。

第九章
研究者的位置與當事者（自我導向）研究

所謂的「方法」，就是應該保持的「距離」。

——鈴城雅文《原子彈爆炸＝攝影論》61

登上觀景台俯瞰，就能一覽無遺；反過來思考，這也意味著如果不登上觀景台，只待在下方觀看，多數時候無法看到全景；能看到的景象，僅限於一小部分或特定的幾個地方。對於大多數人而言，極少會登上展望台俯瞰。我們的生活中，通常只是從無法觀察全景一覽無遺的地方，看著周遭有限的景象。

——增成隆士《現代的人類觀與世界觀》62

「那個英國人、之前見過的所有外國人、還有你，大家都一樣，來到這個國家，只會花一點時間去看完全部。可能只花兩、三天就能看盡這小小國家的絕大部分吧，看到那些我們花一輩子也看不到的。然後，他們回國後還會讀讀書、聽聽其他人說的，試圖理解得更詳盡。我覺得挺了不起的啊。」老教師塔奇吉說。

——藤原章生《被框進風景明信片的少年》63

研究者的位置

關於創傷的發言，研究者帶來什麼樣的影響？可以有怎樣的涉入方式？本章將會思考一下研究者在環狀島上的位置。首先，我會描述三種研究模式，然後，思考「跳躍」的必然性、研究者所屬且將會返回的「場所」，以及在那裏發表的研究成果。接下來，考察當事者成為研究者的狀況，之後（第十章）再擴大探討研究者、專家、知識分子等角色的可能性。

關於研究者的位置，可略分為二。一是跟當事者保持距離，從上空俯瞰全景的位置。另一個，則是緊貼著當事者，把視角放在地面匍匐前進的位置。跟環狀島的位置關係可以用圖十的①、②來表示。

第一種是從上空俯瞰是個「超人的」位置（圖十①），代表重視客觀性、普遍性的歷來學問價值觀。也可說是接近為政者的眼光、有權者的統治或管理的觀點。正如字面所述，不僅有從上空俯瞰的照片和地圖，也包含人口統計資料和流行病學調查等以及歷史分析。所有資訊的集約都在這裏進行。

圖十中的直升機，可以將它視為比喻，也有些部分反映現實。出動直升機，需要某種程度的資金和有組織的後盾。阪神大地震發生的時候，報導機關包下的直升

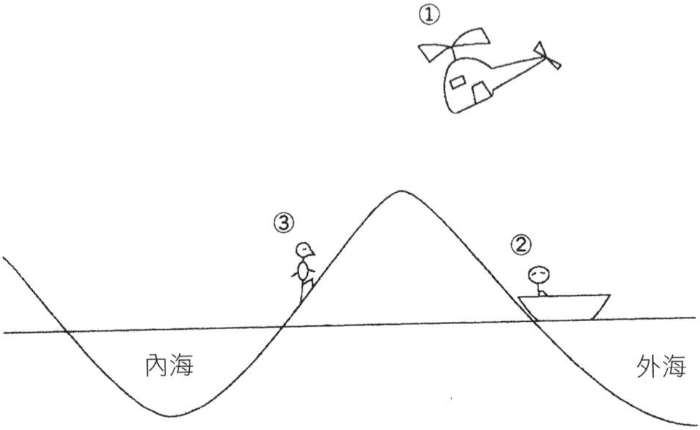

圖十　研究者的位置

機在空中成群飛舞。直升機發出的噪音此起彼落，蓋過被壓在倒塌房子下的人微弱的求助聲，也激怒了受災者。但是靠直升機蒐集資訊的需求十分迫切，從上方攝影的照片和影片，透過電視及報紙傳遍全國形成真實感，成為擬定對策時不可或缺的基礎資訊。而且，直升機可以自由移動，以複眼的方式從各種場所綜合觀察事物。就連加害者一度滯留的**零點**正上方都能說去就去，想離開也能隨時離開。看在那些地面上受到餘震、火災蔓延威脅、受困災區的受災者眼中，實在是一種過分令人羨慕的自由。

直升機與當事者的距離很遠。既看不到個別受災者的臉，也感受不到火災的熱度和氣味。研究者不會發現自己發出的噪音有多大。不過，只因為有一段距離，就以為不會遭到輻射傷害，可能過於單純。正因為看得見受害的全貌，感受到的恐懼也可能更深切，即使是統計上的數據資訊，在能夠具體想像出發生了什麼事的情況下，受到的衝擊應該也相當大。最重要的是，如果不是處於上空，就無法看出**內海**的存在。至於是否能夠接納那代表的意義，又是另外一個問題就是了。

第二種在地上這個位置（圖十②），則可以想成類似前往當地進行參與觀察的田野調查。想像搭船從**外海**登陸，然後從**外斜面**開始用自己的雙腳一步步探索。住進社區，試圖在與研究對象同寢共餐中，進而理解當地文化的這種民族誌手法，已經是人類學悠久的傳統；新聞學中現場主義的採訪方式，以及重視當事者證詞的口述歷史手法等，也可說與此相近。在這些手法當中，也不難看到強調「站在原住民觀點」或是「站在受害者觀點」。

在這個位置上，研究者的視野也沒有打開，還看不見全貌；對於眼前看到的，也不知道哪些能夠一般化，因此容易被視為缺乏「客觀性」，是個案、屬於比較主觀的研究。不過，能夠鮮活感受當事者所受衝擊的強度、震懾的深度，以及事件對當事者的意義。而這個衝擊或許也會影響研究者。

身為研究者的你，發現島上似乎發生了什麼事，產生興趣，於是從**外海**登陸。

爬上**斜面**。漸漸的，你掌握了狀況，對事情愈來愈了解。聽到在那裏發生的悲慘問題，你覺得必須說些什麼。實際上你開始滔滔不絕。然後你接近**山脊**。**山脊**一帶吹著**強風**，對於你所說的，贊同跟批判都很激烈，不過你還是帶著熱忱試圖繼續訴說「那個問題」。面對那些完全不願意傾聽當事者話語的人，你嘗試巧妙的運用學術用語來說明。為了讓眾人更加了解這個問題，你製作小冊子分發、或是將它撰寫成書。

但是，**山脊**的風吹得太烈，你一個不小心就滑到外側，無法站穩。你開始覺得，這個問題就算了吧。再怎麼樣你就是個外人，不是當事者。別再做多餘的事了。你已經不想再被人暗中指點，說你被捲入社會運動中，已經失去中立立場，或是以研究者而言，立場過度偏頗了。你甚至遭人指責是偽善者或是接到恐嚇威脅信，覺得沒有必要到這個地步還要硬撐下去。於是，你奔下**外斜面**，回到**外海**旁觀者的位置……。

或者，你會往**內側**前進。不知不覺上坡轉為下坡。清楚看見狀況有多悲慘，你開始發不出聲音。對內部情形掌握得愈多，愈陷愈深，覺得不能輕易發言。你認為比起發言，更應優先照顧疲憊不堪的人，給予徹底的協助。或者你的心境幾近放棄，覺得就算發言事情也不會改變。你感受到過去自己理解得太淺薄卻又說太多，你想一筆抹煞自己寫的書。你開始沒有生氣，任由重力將你拉下**內斜面**。

當你接近**浪拍岸**，看見許多人倒在那裏；眼前出現**內海**。**內海**看起來很像**外海**，其實卻不然。它是一片血海、像是地獄之池，不斷噴著滾燙氣泡的海。是一片湛藍的毒海。或者，乍看是平靜無波的水面，退去的潮水卻會突然把你捲走、深深吞噬你的那種海。

你想回頭，卻回不去。想把映入眼簾的影像驅出腦海，卻辦不到。在**浪拍岸**那些快要滅頂的人，會緊緊抓住你。你想把他們拉上岸，卻沒有足夠的力氣，反而眼看要被他們拖下水。你甩掉他們，試圖逃脫，有人在你耳邊低語：「既然你知道這麼多，就再也出不去囉，你知道太多祕密了。」另外一個聲音低語：「你如果把這些祕密說出去，會有很嚴重的後果哦。」

還有聲音說：「你儘管去外面說吧，反正沒人會相信你。就跟我們一樣，大家只會說你小題大作、滿口謊言、精神失常。」那些緊抓住你的手的觸感和聲音，會深深烙印在你身體裏，即使你以為事過境遷，但是，只要一些小小的契機，就能清楚喚醒這些身體記住的心靈創傷。

跳躍、返鄉的場所、論文撰寫

要從上空俯瞰還是在地面匍匐觀看？鳥瞰圖還是蟲瞰圖？主位（etic）還是客位（emic）？定量研究還是定性研究？第一的上空位置和第二的地面位置是對照的，和當事者的距離，以及對創傷的「輻射傷害」或「敏化」程度也完全不同。

第二的地面位置，在此應該提出一點，就是當事者也會深受研究者的影響。面對這些為了進入田野場域（field），而帶著敬意與讚賞接近的研究者，當事者或許會抱持過度的期待，期待他們成為夥伴或協助者。或許會發揮盛情款待傳統，歡迎特地從遠方來臨的「客人」（MAREBITO；まれびと；按：日文「まれびと」最早是由民族學者折口信夫提出，是指定期從其他世界來訪的神靈，日本人有盛情款待神靈的信仰，這就是祭祀。漢字可寫成「客人」、「賓客」、「客神」或「稀人」）」。他們或許會被「客人」帶來的物品或知識所迷惑。

另一方面，他們可能也會思考，「客人」是敵方派來的間諜或非法出口圖利的走私客吧，以前到訪研究者的行為舉止，可能會在他們心裏累積一些疑惑或不信任感。當事者身處的狀況愈是痛苦，他們的期待、款待和困擾就愈強，同時疑惑或不信任感也愈強吧。期待、款待和困擾可能不久就化為失望。我之前分析過的，發生在當事者和協助者間的所有糾葛或糾紛，也都可能同樣發生在當事者和研究者之間。

第二的位置，由於同處於一個田野場域空間，研究者和當事者之間容易孕育出同一化幻想，但兩者並不是站同一個立足點上。研究者必定會「跳躍」。學問存在著概念化或理論化、一般化或相對化的時刻，這就是「跳躍」。因此，脫離不了累積知識的活用、歷史性理解、比較檢討，以及來自複數視角的核對、構造性分析等行為。時時離開田野場域、進入圖書館及資料庫等，也是一種具體的「跳躍」行為。

即使跟當事者處於同一場所，研究者的公事包中，塞滿了大量他研究學問領域的理論性、認識性前提、不成文的價值觀、專門用語、方法論、先行研究等。他或許還帶著當地人無法接觸到的地圖、照片、人口統計資料等俯瞰性的資訊，以及歷史性資料，和其他地域做比較檢討的資料等。此外，研究者的體內，也會有（不等程度）血肉化的習癖（habitus）（宮地尚子〈學問的混合語〉《一橋論叢》[64]）。研究者選擇田野場域、研究課題和問題設定的方式，或是和調查對象距離感的掌握方式，其實都受到這些因素的規定。

而研究者終究會「歸鄉」。當然，也有一個選項是going native（意指就這樣變成當地人），這也是一種激進但有時不失誠實的方式，不過這樣就超出學問的範疇，研究者本身應該也不會再自稱為「研究者」了吧。不僅限於出身國家及其文化層面，研究者會回到自己所屬的學術世界。那個世界存在著獨自的「場域」，依循明示及非明示的評價基準和行動守則，進行著攸關地位的策略與鬥爭（皮耶・布赫迪厄〔Pierre Bourdieu〕著，石崎晴己・東松秀雄譯《學術人》〔*Homo Academicus*〕[65]）。在那個「場域」的正中央，研究者撰寫田野場域報告書和論文、任由大家肆意評價。藉由在那個「場域」得到好的評價，獲得職位、獲得研究資金、進行更進一步的研究、應用於教育上、升等、然後變成再生產那個場域的成員。

研究者的賭注押的不是田野場域（當然，必須小心避免「惹怒」資料提供者〔informants〕，保留回到田野場域的機會，賭注金也不是零就是了）。這不僅是權力關係或地位的鬥爭問題。就像傅柯（Michael Foucault）所言，真理依存於知識體系。至於研究的最終成果：論文，只有符合專門知識系統的前提條件、限定的方法、說明規則等的資訊，才會被當成知識＝真理，提出報告，受到評價。而論文訴求的對象、預設的讀者、收訊人，絕不會是當事者。

當事者和研究者間的同一化幻想註定要破滅。遲早研究者都得煩惱，論文該把什麼事寫到什麼程度、寫出來的東西該不該寄給當事者、寄了對方會有什麼反應。

然後才會發現，「跟當事者愈親密、就表示研究者愈優秀、也愈能寫出好東西」的這種主觀想法，是多麼天真的浪漫主義。「當事者的視角」在「學問中立」之下被相對化、抽象化，「為了當事者好」的熱忱，不是跟學術性「場域」的要求產生矛盾，就是化作溫和專制主義式的專家倫理。

漸漸的，當事者會發現，研究者個人背景有太多自己不知道的事物。原本覺得他像是個朋友，寄來的報告書中，卻充斥著截然不同的艱澀用語。當事者會覺得好像遭人始亂終棄。請看得懂的人幫忙翻譯，結果發現對方跟包括自己在內的當事者群體間親密的對話，都給詳細下來，還寫了對親戚族人和社區批判的意見，他會感覺遭到研究者背叛。同伴會責怪你將內部的祕密洩漏給外部，丟了大家的臉。這樣的情況不只是發生在人類學偏遠的調查地點。對於女性主義的難解化，「一般女性」的批判及失望感等，也與此有關。

此外，研究及學問標榜的中立性、保持距離的旁觀者態度、試圖一般化或相對化的姿態、懷疑且批判性的分析，還有任何時候都要求言語化及合理說明的思考方式，以及任何事都以愈清楚明確愈好的這種價值觀，對於受到創傷的當事者而言，或許都是難以接受的。他們會覺得自己那種幾近被壓倒的經驗彷彿遭到輕視。對於自己被當成眾多當中的一例（one of them）感到排斥。給人看透的恐懼，迫於面對自己也不想看的東西那種抗拒感。不顧來自創傷的逃避症狀、羞恥和痛苦，自己想當成祕密的經驗卻留在書面紀錄中，持續暴露在人們眼前的可能性。

研究者接近或接觸當事者的方式、彼此的位置、避免在這過程中更傷害到當事者的用心，這些事當然很重要。但是不管對研究者或當事者而言，比起這些直接的關係，更重要的，或許是研究成果提出的方式。可是，在跟當事者的關係上，反而有更重視調查過程的傾向，關於研究成果的報告、發表、表述方式，差不多就是強調保護對象隱私，其他並沒有受到太多議論。不知是否因為大眾普遍認為，研究成果的內容，不是依據倫理，而是依據真實、事實而定。

當事者（自我導向）研究

前面我將研究者位置公式化為兩種，不過我還想提出一種模式，就是當事者成為研究者的模式。以「圖十」為例，是在③的**內斜面**徒步往上爬的印象。看起來雖然像是爬在已形成環狀島的地面，事實上更正確來說，應該是一種動態的認識，是研究者的軌跡一步步形成了環狀島的稜線。

我腦海裏首先浮現的是土著人類學家（native anthropologist；原生人類學家），以他們研究的是自己的問題這一點而言，女性主義、弱勢族群研究、後殖民主義研究、身心障礙研究等應該也包含在內。最近則以當事者學或當事者研究的形式受到大眾的認識，另外在慢性病自我管理研究（患者学）這個形式下也逐漸看得到一些發展。

關於環繞在創傷主題的發言，由當事者從事的研究處於非常重要的位置。首先，最主要的原因是，歷史上向來被排除在求學活動之外的那些人、和向來受到創傷的那些人，有很大的重疊部分。排除的方式，最普遍的就是不賦予公民權、剝奪受教育的機會，這等同於不將對方「當成一個人」，剝奪了對方在各種生活領域中拒絕壓榨或入侵的力量，以及提出異議、申訴的權限。

此外，有時求學才是造成創傷的直接原因。像是原住民的孩童，追求學問（受教育）的活動就被連結到和主流派的同化政策，導致身為弱勢族群的自卑或厭己，導致群體社區崩壞。還有像是身心障礙者或病人一樣，一旦成為治療、救助或矯正對象，就自動讓人當成研究及管理的對象，主體性和尊嚴遭到剝奪；或是他們本身變成不是追求學問的一方，而是別人追求的學問本身，受到溫和專制主義專家操控。

殖民主義，再怎麼說好歹讓人視為該否定的對象，而因民族及性別、有無身心障礙等不同造成的歧視遭到批判的現代，過去一直被排除在求學問活動之外的人，以及被學問傷害的人，現在已經從「自我探索的旅程」試圖邁向「土著人類學家」（原生人類學家）之路（冨山一郎《暴力的預感》〔『暴力の予感』〕[66]），坦然大方的宣言這是個「當事者的時代」（中西正司、上野千鶴子《當事者主權》〔『当事者主權』〕[67]）。這當中存在解放，同時也有苦惱。

首先是解放。在浦河伯特利之家（Bethel House；按：一九八四年在北海道浦河町為精神障礙者設立的地方活動據點）編輯的《伯特利之家的「當事者（自我導向）研究」》[68]中，充滿著學問的初衷。「究竟我是受到怎樣的法則所操控？」為了得知這個答案，承受「精神障礙」和「生活艱辛」的這些當事者，對「冒險心」感到雀躍，神采奕奕地開始研究他們自己。他們從「把問題和人切割開來」這個作業開始著手，研究透過「為自己的病命名」這種重新命名的工作、「艱辛的種類、過程、構造的解讀」、實驗和查證，不斷深入。從「從屬於幻覺和妄想等不快症狀、任其擺布的狀況」轉為「奪回生存主體性的作業」。並不是將「自己的艱辛整個丟給專家」，而是「當自己那些艱辛的主人」。「獲得（設問）這種活動」能夠帶來多大的培力。反過來說，「專門知識」以往帶來多大的弊害、專家的溫和專制主義一路奪走了多少當事者的力量，皆由此可見，歷歷在目。

不過，在最初的解放感與亢奮過後，接下來可能是一段漫長混亂或充滿窒息感的時期。特別是想要做出「對抗專家的研究」、決心自己要成為專家的當事者，會被迫發現學問這個框架本身的拮据和壓抑性，以及學問這個「場域」的排他性。然後，該如何「跳躍」、最終該落腳何處，這些困難的選項，會幾乎將他們撕裂（宮地尚子〈岌岌可危的身分認同〉，刊載於《創傷的醫療人類學》）。

W・E・B・杜波依斯（William Edward Burghardt “W. E. B.” Du Bois）指出「雙重意識」，弗朗茲・法農（Frantz Omar Fanon）談論「不斷自我叩問的身體」，葛洛莉亞・安卓杜雅呼籲你「成為一個十字路口」，愛德華・薩依德（Edward W. Said）試圖以「亡命者」角度來看知識分子。「土著人類學家」（原生人類學家）追溯自己的出身，重新探索過去到現在的軌跡，應該伴隨著深切的痛楚，因為「外傷性連結」的另一端，牽扯住的可能包括故鄉的社區和家人、還有教你讀書寫字的學校和老師，要切斷它或是選擇任何一端，都不會是一件簡單的事。

他們兼具身為當事者的經驗和學問上的言語能力，原本在環狀島的**山脊**應該可以辯才無礙的，但「土著人類學家」卻可能因為自己的發言本身像是背叛了自己，而陷入「失語症」狀態。當試圖傳達用既存學問的言詞無法傳達的事物時，就會開始對「陰性書寫（Écriture féminine）」、「雙語文獻（bilingual text）」、「混合語（creole）主義」這些言詞和摸索與格鬥。在被視為次文化的領域中，音樂、藝術的實驗、實踐四處爆發（保羅·吉洛伊〔Paul Gilroy〕《黑色大西洋：現代性和雙重意識》〔*The Black Atlantic: Modernity and Double Consciousness*〕）[69]。過去的壓抑、傷痛和羞恥，將來的暴力預感，這些「部分壓倒性」和「部分無法了解性」就像暗號般，交織在文章皺摺深處。（冨山一郎《暴力的預感》）

「土著人類學家」（原生人類學家），是一種超越資料提供者但未達歐美人類學家的存在，能達成一般傳達任務、能使用複數言語的一種方便的存在，隨時能啟用為「令牌式弱勢族群」或「操控殖民地的帶路者」，只要暗號沒有被發現就可以。

第十章

環狀島與知的角色

「你也是，身為社會學者就好好做出研究者應有的貢獻啊。不必做什麼半吊子的實踐家，做好社會學者的工作，來回報我們這些實踐者吧」（藥真寺滿里子）

——春日Kisuyo《置身單親父子家庭：在男人與家長之間》（『父子家庭を生きる——男と親の間』）[70]

「在你的國家，」伊格納西奥・馬丁—巴洛（Ignacio Martín-Baró）曾經對來自北美的研究夥伴這樣說，「（研究者）不出版就毀滅（publish or perish）。但是在我的國家，卻是一出版就毀滅（publish and perish）。」（"In your country," Ignacio Martín-Baró remarked to a North American colleague, "it' spublish or perish. In ours, it' spublish and perish."）

——伊格納西奧・馬丁－巴洛

《為解放心理學而作》（*Writings for a Liberation Psychology*）[71]

「怎樣才能組成真相調查委員會呢？」坐在第一排的緬甸少女一臉認真的提問。（提摩西・賈頓・艾許〔Timothy Garton Ash〕）

——普莉西拉・海內爾（Priscilla B. Hayner）

《難以啟齒的真理：轉型正義和真相調查委員會的挑戰》（*Unspeakable Truths: Transitional Justice and the Challenge of Truth Commissions*）[72]

研究者、專家與知識分子的角色

在前一章，我針對在環狀島上研究者的位置做了論述，公式化為在上空盤旋的直升機、地面田野調查員和當事者（自我導向）研究三種。另外也思考了研究中必然出現的「跳躍」、「歸鄉」、論文撰寫和成果發表這些過程。在本章中，則想從和與當事者直接接觸的部分、或環狀島**外斜面**上那些直接行為的距離拉開，用更大的框架去思考研究者、專家與知識分子能夠在環狀島上扮演什麼樣的角色。

我們至少可以嘗試對研究者、專家與知識分子期待以下的可能性。

(1)在只看得見**海**的地方，製造讓環狀島浮現的契機；(2)產出能用來課題化的概念及用語，利於環的形成；(3)推測、測定**內海**的規模及深度；(4)感受**浪拍岸**的徵兆、加以解讀、縮小**內海**面積；(5)將攀爬在**內斜面**人們的資訊帶出來，在外部廣加流傳；(6)將上空及外部資訊傳遞給攀爬在**內斜面**的人；(7)試著用和現存看法不同的切入點來描繪環狀島；(8)支撐島的基底；(9)降低**水位**。

讓我們依序看下去。大家可以參考第二章圖五至七的環狀島形成過程圖（本書頁三六）。

(1)「在只看得見**海**的地方，製造讓環狀島浮現的契機」：例如找出新的歷史文件、從歷史文件中挖掘出人們早已遺忘的事件、原因不明的死亡、疾病、事故的發生找出流行病學上的特徵、找出受害重大原因等。從海外的「怪病」資訊中，找出和過去在日本發生過的公害受害的類似症狀，或許就能促成金屬中毒或空汙可能性的調查和分析。類似痛痛病（イタイイタイ病，Itai-itai disease）、水俁病（水俣病，Minamata disease）或四日市哮喘（四日市ぜんそく，Yokkaichi asthma）的受害，頻發於世界各處開發現場，可以活用專家知識。

(2)「產出能用來課題化的概念及用語，利於環的形成」：例如產出「性騷擾」、「家庭暴力」這些詞彙，並將之概念化、理論化的行為。就算不是親自產出，介紹海外文獻中畫時代概念的行為也可以算在內。當以往無以名狀的不適、苦惱、痛苦、不合理有了名稱，人就可能逃脫孤立狀態，可以呼籲零星四散的「夥伴」集結起來。周遭的人也可以回應、在連結中認識到問題的社會性，還能獲得對敵人「理論武裝」或說明給旁觀者理解的詞彙。當然，這些詞彙並不是非靠研究者或專家產出不可。一定也有些言詞或認知必須從「現場」或「實踐」中產出。不過，或許去聽取、將之概念化、理論化這個工作，適合擁有知識資本、精力和餘裕的人。當然，要避免成為單方面的挪用、占有，在維持初期啟發性質的情況下進行，並不是一件容易的事。

(3)「推測、測定**內海**的規模及深度」：有些人，在問題表面化後也無法親口發言、或已經葬身於黑暗中。這項工作是確認並掌握這些人的存在。例如爆出政府軍對人民嚴刑逼供的事實。或許有部分遭逼供的受害者存活下來，能夠站上證人台，但應該也有不少人遭到剝奪作證的能力、精力或資源。有多少人是這種情況、他們處於什麼狀態、是如何生活的，為了掌握這些事實，應該會需要某種程度的知識訓練。發掘被殺害的人的遺骨、遺體，做法醫鑑定以找出嚴刑逼供的證據也包括在內。

當然，單純計算死者、犧牲者、失蹤者人數、確認他們的名字、死因、最後被目擊的場所、並轉達給遺屬也包括在內。建立起這些基礎資訊的資料庫，將會成為未來法律懲處、賠償、和解時不可或缺的資料。

近年，在紛爭後的過渡期社會，大眾聚焦在追求真相查明及和解的真相調查委員會的角色上（海內爾《難以啟齒的真理：轉型正義和真相調查委員會的挑戰》），當然，當中專家的角色很重要。記錄這些數據或資訊的真相調查委員會報告書，成為安魂慰靈及追悼的重要步驟，可說奠定了國家及社區所謂「未來歷史」的方向。

而另一方面，童妮・莫里森（Toni Morrison），艾杜瓦・葛立松（Edouard Glissant）和瑪麗斯・孔戴（Maryse Condé）等人，針對原理上當事者證詞不可能殘留的那些歷史事實，例如發生在奴隸貿易運奴船上那些無數的死亡與性侵，以文學表現的手法，讓受害者的生與苦惱再度浮現。（童妮・摩里森《寵兒》〔*Beloved*〕[73]、艾杜瓦・葛立松《關係詩學》〔*Poetics of Relation*〕[74]、瑪麗斯・孔戴《我，提圖芭：塞納姆黑色女巫》〔*I, Tituba: Black Witch of Salem*〕[75]）

正視歷史上被忽略的不義，這種嘗試，也可說是另一種聚焦於**內海**的形式。

(4)「感受**浪拍岸**的徵兆、加以解讀、縮小**內海**面積」：例如當受害者的敘述支離破碎、或是冗長散漫時，加以整理、翻譯的工作。這應該也會是將快要沉入**內海**的人拉上**浪拍岸**的工作。或許這也和朱迪斯・巴特勒關於「intelligibility」（發言清晰度、可理解性）的議論有重疊的地方。

曾有確診為思覺失調症（Schizophrenia）的人，他們的幻覺、妄想症狀，後來找出根源是過去暴力受害的瞬間重歷其境（flashback），在悉心照顧後，對方發言的內容漸漸能讓第三者理解（約翰・里德〔John Read〕等編《瘋癲模式》〔*Models of Madness: Psychological, Social and Biological Approaches to Schizophrenia*〕[76]）。也有人在瞬間重歷其境時，身體會真的再度浮現出脖子被勒過的痕跡，可以從這樣「心靈的傷，身體會記住」的症狀，讀出難以啟齒的記憶。（白川美也子〈歷史、創傷與解離〉〔「歴史とトラウマと解離」〕，刊載於森茂起編《埋葬與亡靈：創傷概念的重新探究》〔『埋葬と亡霊』〕[77]）。

在家暴的案例中，有時加害者可以有條不紊的將自己的行為正當化，而受害者說得迂迴曲折不得要領，會讓人誤解問題是不是出在受害者本身。部分理由是因為受害期間過長且有複數層面，實際上要整理出概要是很難的，除此之外，也由於過去受害者一直遭到孤立，自己的說詞一直遭人否定，他們向來被剝奪了說明的自信、只要說出來就有人會懂的信任感，以及跟別人傾訴的練習機會，還有被迫將加害者的說詞內化，導致思考混亂等。

只要專家理解這些混亂是受害者共通的特徵、並轉達給周遭的人、保證提供時間和支援，當受害者漸漸找回安全感、餘裕和自信後，他們的敘述就會開始變得井然有序而且具有深度，令人刮目相看。你會驚訝於光是感受到有人或許會聽自己說話、有人或許會理解自己，他們的發言在質量上就能產生多大的變化。同樣的，出現在電影《浩劫》（*Shoah*）[78]中的大屠殺倖存者西蒙•斯瑞伯尼克，據說導演克勞德·朗茲曼第一次跟他見面時，無法有條理地對話（鵜飼哲、高橋哲哉編《〈浩劫〉的衝擊》〔『「ショアー」の衝撃』〕[79]）；但在電影中，他已經成為一開口就讓人目不轉睛、舉足輕重的證人。

所謂**浪拍岸**的徵兆，不是只有症狀。它也會用祖靈或地魂的形式出現。而能夠感應到的薩滿式的感性，應該又可說是敏銳接收**浪拍岸**的裝置之一。在學術領域中，傾向於重視有任何人都能確認證據的合理思考，但宗教、神話思考、附身現象等，一直對人類深層心理及文化發揮著很深的作用。自古以來，人類就是在受傷中存活下來的，這些智慧堆積在**內海**，在波浪不斷淘洗中，隨時等待人去感受它們。相對論之後的物理學和最先進的生物學、醫學、心理學等領域，也漸漸重新評價以往被視為「非科學」、「超自然」的現象或思考，而這些將會演變成理解創傷時不可或缺。（阿諾德・明德爾〔Arnold Mindell〕著，藤見幸雄、青木聰合譯《二十四小時的清醒夢：做夢與覺醒的心理學》〔*Dreaming While Awake: Techniques for 24-hour Lucid Dreaming*〕[80]、中澤新一《藝術人類學》〔『芸術人類学』〕[81]）

而徵兆，同時也以藝術、詩文學、舞蹈或戲劇表現原型的形式主張它的存在。喊叫、歌唱、跳舞、揉和、扭擰、潦草飛快的書寫……。當事者自發性的行為當然如此，而有時請他們去嘗試用這些手段表現，可能會讓我們了解這些徵兆，就算不能了解，或許也能接收到一些深奧的訊息。藝術療法或另類藝術（按：alternative art，指例如智能不足或自學的創作者等，不受既定手法影響的藝術創作）也好，裝飾在分享之家（House of Sharing）那些韓國阿嬤的畫、或是妮基・桑法勒（Niki de Saint Phalle）的造型、策蘭的詩都好。符合邏輯言語以外的傳達，有無限的可能性。不過，人稱

「評論家」的那些人，是否具備仔細聆聽這些徵兆的感性，直接牽涉到文化深度和底蘊的問題了。

另外，原爆事故後，定期為周邊居民舉行健康檢查、繼時性測定當地輻射劑量、追蹤其關聯性，這種完全不同類型的專門業務，也算是讀取**浪拍岸**徵兆、拓寬**內斜面**面積、增大環狀島環的工作。

(5)「將攀爬在**內斜面**人們的資訊帶出來，在外部廣加散布」：是針對發生在**內海**、**浪拍岸**和**內斜面**發生的恐怖狀況，透過目擊、觀察、記錄、移動的自由，將資訊帶到外部，成為證詞者的方法。大屠殺的時候，也有許多人努力將資訊帶到外部。在種種困難中，雖然很少，還是有人辦到了。當時的社會有多少人注意聆聽，又是另一回事就是了。

內部檢舉或許也跟此有關。只有該領域專家、技師才懂的違法舞弊，在內部建言、努力，也不見有人採取改善對策時，冒著自己遭到革職的危險將資訊外傳，可說是專家的重要任務。

(6)「將上空及外部資訊傳遞給攀爬在**內斜面**的人」：可以舉出的例子，像是提供家暴受害者關於家暴的書籍、全國實況調查結果等資訊、讓他們理解不是只有自己受害、受害有固定模式、加害者也有共通的特徵。藉由入手的地圖、看到從上方的描寫，受害者可以認識到自己被逼到什麼處境。然後可以得到從加害者提供的資訊及世界的樣貌中獲得解放、逃脫自己單方面被責備狀況的契機。

(7)「試著用和現存看法不同的切入點來描繪環狀島」：整理原本各種要素錯綜複雜的問題，來找出異於以往切入點的頭緒。就像前面分析過的多層歧視及複合歧視，任何受害、任何事件都會有各種切入方式，都能夠設想出複數的環狀島。每個不同的切入點、在每座不同的環狀島上，誰是當事者、應該向誰如何提出申訴、過去有怎樣的事件或經驗可供參考，都各自相異。

例如水俣病，流行病學者津田指出，不應把原因看成甲基汞，而是「攝食水俣灣岸魚貝類」，如果當初了解是食物中毒且採取因應對策，應該受害就不會擴大至此。（津田敏秀《醫學學者在公害事件中做了些什麼》〔『医学者は公害事件で何をしてきたのか』〕[82]）我當初讀到這個論述，恍然大悟，不過到現在它還是幾乎不為人所知，而且，對不熟悉公共衛生學知識或思考方式的人而言，的確可能很難轉換到這樣的思路。不過，這種看法揭穿行政單位以「在查明原因物質前無法採取任何對策」為藉口的陋習，也在科學這個平等的競技場上，揭穿了加劇問題的那些「權威」醫學學者的發言和行為，「沒有符合複數特定症狀的患者就無法認定」這種理論的錯誤。

(8)「支撐島的基底」：指的是藉由平實而仔細進行那些未必跟創傷有關的日常工作，來支援當事者，讓他們容易存活、容易在生活上有餘裕、重新有體力和精力發出聲音。例如幫受傷無法工作的人填寫申請診斷書或年金的表格；謹慎進行基本治療，讓症狀不要再惡化下去；用現有的知識把未來能夠預想到的事告訴當事者。面對創傷，並不是只有像專家在法庭上陳述意見或做精神鑑定那些戲劇性的狀況。醫師、法律專家等專家，平時就肩負了看穿過度申報及謊言的守門員之責。他們不能卸下這個責任，而不濫用職權、在對對方抱持敬意的情況下完成任務的重要性，是大到難以衡量的。專家停留在離創傷「還有一大段距離」的地方，讓當事者在日常生活的實踐中重新獲得每天小小的期待和安全感、以日間照護等形式提供安身之處和與其他人的連結，才能讓當事者恢復原有的強韌、帶來生存下去的希望。（中井久夫《我是如何度過這種情況的》(『こんなとき私はどうしてきたか』[83]）

(9)「降低**水位**」：指的是培養有傾聽能力的人、提供或拓展讓弱者自由傾訴的場所或媒體、還有提供資訊給一般民眾等廣義的教育及啟發。同時研究者及專家本身也以一個民眾的身分，傾聽受害當事者的訴求、找出當中蘊含的意義及重量，這些事相較於親自發言，乍見之下是被動且不醒目的，卻可說扮演了非常重要的角色。

學問領域不同帶來的差異

以上各點並不是網羅了一切的清單，也不是有系統的分類，應該還有其他各種作用可能發生在環狀島上。此外，不同的學問領域也會產生差異。研究者、專家、知識分子擁有技術、知識，也受過訓練，讓他們能從乍看之下什麼都沒有的地方，一眼就看出某些事物的存在，將其命名、測定、表現或呈現出來。不過，內容和方法論在各個學問領域都是不同的。有些設問是一旦特定了領域，就無法提出的。因為，在各個領域，為了避免議論一再回到原點，議論的前提都或明確或暗中經過某種程度的設定。

在第二章提出過，關於創傷的「真相」，在心理學、精神醫學和法學領域，**水位**各自不同。不過，法律也未必會維持現下的樣貌。同時，也一定有些「真相」是在法律領域中看得見，而在心理學或精神醫學領域則看不見的。

看見的東西會因領域而不同，並非壞事。在前面的說明中，應該有人會對於我將自然科學、流行病學、歷史學、文學、藝術等完全不同的領域並列舉出感到排斥。的確，根據史料做出的實證歷史研究，和運用想像力與創意寫出的虛構作品（fiction），或許有互不相容的部分。但是，只要圍繞著創傷的那些真相，中心部分永遠藏著無法表現出來的**內海**，那就會成為必然，可以將其視為並非矛盾，而是互補的二個領域。如此，除了深入每個個體精神苦惱的切入方式之外，乍見和創傷無關的經濟學、統計學等分析大量資訊的學問領域，我們就能從中發現它們同樣具備了找出**內海**，將看不見的東西可視化的機能。

我們應該運用各領域的特異性，藉由複數不同的切入點，立體的讓**內海**、還有環狀島浮現出來。為了達到這個目的，創傷研究需要盡可能開放給學際（／跨領域）的切入法。不過，實際上學問的分工共存，屢屢變質為方便對某些事物視而不見的藉口，同時也和學問間、學派間爭奪霸權有緊密的連結，關於這兩點，必須維持一定的敏感度。今後，「比較學問學」一類的分析或許會愈加重要，以釐清在特定學問中可見和不可見的各是什麼、而它們又有多大的可變動性。

角色的濫用與迫害

其實，研究者、專家、知識分子，既然擁有技術、知識，也受過訓練，讓他們能從猛一看什麼都沒有的地方，看出某些事物的存在，當然也可能用在相反的地方。也就是說，如果這些技術、知識或訓練能讓環狀島浮現、測量**內海**的面積和深度，那麼，也應該能讓環狀島沉沒、或誤測**內海**的面積和深度，前面列出的(1)至(9)

也都有相反的可能性才對。

我們簡單回顧一下。

大概會是如下情況：

(1)在環狀島形成契機浮現的時候，在變大之前消滅它；

(2)堅持現有的學術知識，以學問之名否定那些能促成課題化的想法；

(3)怠於或迴避對**內海**的測定和調查，藉由隱蔽或篡改出現的資料或證據、或用偏頗的解釋，來否定**內海**的存在，或給予過小評價；

(4)藉由嚴密要求證據、證詞正確度、只相信整合性或邏輯性、讓像直升機巨大噪音般、跟本質無關的資訊或解釋氾濫等手段，使大家聽不到**浪拍岸**的徵兆；

(5)讓進入**內斜面**的研究者無法回到外部、或是在學術上剝奪他們帶出外部那些證詞的信用；

(6)刁難、妨礙、排擠試圖將資訊帶進內部的研究者、或是蓄意散布錯誤資訊；

(7)無視來自不同切入點或領域的意見，或是責難一些替代性看法「過度激進」、「不科學」；

(8)不撥預算，造成慢性人手不足、打擊士氣、或是加諸過重責任，使現場日常基本業務處於停滯狀態，來摧毀島的基底；

(9)助長對弱者的偏見、介入教科書、課程規畫或媒體報導內容、限制讀取資訊，讓**水位**升高。

實際上，關於以往研究者、專家、知識分子過去發揮了什麼樣助長、隱蔽壓抑或加害的機能，光是醫療領域就有水俁病、漢生病、藥害愛滋問題等，不勝枚舉。「御用學者」會優先拿到研究費，以「學識經驗者」、「有識者」身分受邀參加政府諮詢委員會或懇談會、為政策背書的角色又能滿足自尊心。證照制度、認定制度能夠保障專門業者的自律，但同時也阻止、排除了專門業者之外的人介入。在這樣的環境下，恐怕存在無數不為一般民眾所知的「完美犯罪」、和被專家沉入水面下的環狀島。

其他還有人類學助長了殖民地化的歷史。以研究之名進行資訊或文化的壓榨、挪用、盜用、濫用等，在原本的殖民地或原住民之間記憶猶新，據說「research」（研究）至今依舊是「dirty word」（下流的字眼）。（琳達・杜喜娃・史密斯〔Linda Tuhiwai Smith〕《研究方法之去殖民地化》〔*Decolonizing Methodologies: Research and Indigenous Peoples*〕[84]）

另一方面，試圖讓環狀島浮現的研究者、專家或知識分子還可能遭到迫害或肅清。日本戰前、戰爭中的言論控制就不用說了，世界各地的極權主義國家、軍事政權和國家恐怖主義中，專家及知識分子一直都是鎮壓的對象。我在第十章開頭引用的伊格納西奧・馬丁－巴洛（Ignacio Martín-Baró）也是一位牧師，他將「解放的神學」與心理學連結，一直跟政治箝制奮力戰鬥，卻在一九八九年遭薩爾瓦多政府軍暗殺。有些不是那麼露骨的鎮壓，也會有特定研究者受到抨擊、或是利用散布「有偏差」、「思想危險」的風評，進行問題的隱蔽或滅跡。信用或中立性在學院派中是重要的賭注，所以研究者或科學家對這類攻擊是脆弱的。關於創傷，偽記憶（False Memory Syndrome，FMS）的爭論還記憶猶新，這當中就有一種機制，讓跟受害者親近的專家，因為害怕成為攻擊對象，而自動從問題抽手，可說是孤立受害者、讓世間的眼光從加害事實上挪開的高效策略。

另外，能看見別人看不見東西的人，掌權者、統治者是不會對他們寬容的。古時候的女巫審判，其中一個面向，也是對於具備藥草知識或助產等治療技能的農民階級女性的組織化，教會和社會統治階級的恐怖、厭惡、敵視高漲所致。（芭芭拉・艾倫瑞克〔Barbara Ehrenreich〕、迪爾德麗・英格利希〔Deirdre English〕《女巫、產婆、護士》〔*Witches, Midwives, and Nurses: A History of Women Healers*〕[85]）

還有一種比較巧妙的形式，就是不培育特定領域的專家。例如，在日本的家暴受害者協助中，二〇〇一年制定家暴防制法案有重大意義，不過在法律運用上是利用既存設施及人材，並沒有編列太多新預算。以協助者身分累積最多家暴相關知識技巧的諮詢人員，絕大部分非正式雇員，收入有限，別說升職的可能性了，連未來的身分保障都沒有。家暴受害者的協助，是需要大量知識及敏銳技術、責任重大的工作，但她們（諮詢人員幾乎全為女性）不管累積多少資歷都不會讓人視為專家，無論再怎麼優秀，也都無法擔任專業職務或大學教職。他們培養出來的知識技術，就算能在實地傳授給後進，終究不過是反覆實驗、從中記取教訓，加上個人經驗點綴出來的成果罷了。並沒有一個高等教育、或培育下一個世代專業人才的系統，可以匯集、整合她們獲得的知識或下過的工夫。這不但妨礙了家暴受害者協助品質的提升，在發展真正對受害者有益的政策擬訂及預防活動等家暴問題的涵蓋性對策上，也是一大障礙。這意味著在家暴受害方面，**水位**無法下降，**內海**也無法縮小，環狀島的環永遠會是細細的一圈。

任何知識都有可能遭到濫用

關於創傷，有流行病學、腦成像研究（brain imaging studies）、文化社會研究、文學研究等各種方向的研究進行。這些研究，都對環狀島的浮現、**內海**的正確測量，以及聽取**浪拍岸**徵兆有直接的助益。但是這些知識，當然同時也幫助到政治統御、文化操作和軍事作戰。戰爭中理解敵國「國民情感」、以展開資訊戰、心理戰是不可或缺的，各國軍隊中也必然傳承著嚴刑逼供的「技術」。前南斯拉夫內戰中發生的性暴力及種族淨化，或許可說是有組織的且信念犯式，將創傷作用當成「武器」和「戰術」的一例。

美軍心理學者戴夫・葛司曼（Dave Grossman）執筆的《論殺戮：什麼是殺人行為的本質？》（*On Killing: The Psychological Cost of Learning to Kill in War and Society*）[86]，內容相當衝擊，是根據兩次世界大戰及越戰的分析，描寫士兵在戰場是否仍對殺人感到排斥、殺傷會帶給士兵心理什麼樣的影響。

但是從這本書裏，同時也能學到如何提高士兵開槍率或殺傷率，或是如何盡量避免士兵受到心理創傷。具體來說，當中暗示性建議了：將下令的人和執行的人分開、跟敵人保持距離、在短期間內投入大量物資在戰爭中獲勝、社會應懷抱溫暖和敬意迎接歸來的士兵等。而我們可以說，後來在波斯灣戰爭等戰事中，美國都忠實的將之付諸實行了。連任何人都能入手的市售書籍都記載了這麼多資訊，那麼擔任軍事中樞的部署究竟積蓄了什麼樣的專業知識，實在令人深思。

正如上述，「統治者」和「加害者」也同樣在利用關於創傷的這些知識。但我們不能因此否定這些知識。我想，任何知識都有可能遭到濫用。甚至可以說，恐怕無法濫用的知識，大概不會是什麼了不得的知識。即使如此，不對，正因如此，研究者、專家和知識分子必須更加意識自己的知識活動所處的脈絡和影響，對於促成知識活動的那些資金流向，以及產出知識的流通方式，也應該更加敏感。

新的知識分子樣貌

現代，基因操作或腦部影像檢查等科學技術發展、專業分工，連接到巨大產業、資本和經濟，具備高度專業知識科學家的角色、傅柯稱為「特定領域的知識分子（特殊知識分子）」的角色，可說愈顯重要。不過，正因為專業分化極度發達，在這同時，綜觀眼前事物的「普遍型知識分子」一定也變得重要可貴。

關於「普遍型知識分子」的角色，有其爭議存在，也有人指出已經消滅了（喬姆斯基〔Noam Chomsky〕《知識分子的責任》〔*"The Responsibility of Intellectuals" and other essays extracted from AMERICAN POWER AND THE NEW MANDARINS*〕）[87]。不過，「衛星性暴力」已經覆蓋全世界（今福龍太〈媒體與世界同時性：衛星性暴力的另一端〉〔「メディアと世界同時性──衛星的暴力の彼方へ」〕[88]），這時代，已不再是像直升機那樣從聲音和外觀能夠得知受到注視的形式，經由衛星，所有場所都在觀察之下，所有痕跡都在追蹤之下，能夠被拿來用在監視罪犯或管理孩童、這時代，全世界的慘劇會透過衛星和巨大的媒體資本選擇性的濾鏡傳送到各個家庭或個人的手機螢幕，這時代，戰爭的勝負關鍵，不再是透過飛機從上空投下的原子彈，而是用電腦控制、從超遠距離發射的彈道飛彈，以往的「特殊知識分子」和「普遍型知識分子」，或許都不夠了。

另一方面，民眾的教育水準整體提高（當然也要看是怎樣的教育），加上賦權進步，即使在判斷只能交給專家的時候，也會遭到懷疑，維持住任何人都能從事當事者（自我導向）研究的根基。只要不是自我肯定感完全根絕，當有人說「不是專家就不要插嘴」的時候，就可以提出「可是，也會有基於是專家而捨棄的觀點或事實」來辯解。只要流通過程沒有被阻斷，就可以用跟專家不同的思路、表象及表現來擾亂、操作資訊。在這層意義上，大家都可能成為葛蘭西（Antonio Gramsci）和吉洛伊（Paul Gilroy）口中的「有機知識分子」（上野俊哉〈喬姆斯基，知識分子的十字路〉（「チョムスキー、知識人の十字路」[89]）。比方說，本書介紹的晴野真由美並不是「學者」或「研究者」。但她針對自己的狀況觀察、分析、並寫成文章的這種行為，正是一種當事者（／自我導向）研究活動。她的「研究能力」帶來了自己的能言善道。不，就算非當事者也無所謂。就像茱莉亞・羅勃茲（Julia Fiona

Roberts）主演的電影《永不妥協》（*Erin Brockovich*）[90]主角，只是碰巧遇上受害者的單親媽媽也好、在野專家、業餘研究者、或者不過是迷某樣事物成痴的人也好，誰都可以。即使已經證明網路為世界帶來資訊的民主化這個夢想，已經脫離了現實，但以往沒有發言、表象機會的弱者，從「資訊操作」的對象轉為行為者的契機已經增多，則一點卻是無庸置疑的。

隱藏的當事者（／自我導向）研究或抽象化之效用

前面我們排除跟當事者直接的關係，思考了研究者在環狀島上的角色。在這裏預設的研究者為非當事者。不過，誰能說研究者不是當事者呢？我指出環狀島試圖訴說無法訴說的創傷這個矛盾，以及**內海**的存在。如果套進這個理論，當然也必須設想，有些乍看之下無關個人的客觀研究，從事的其實是有嚴重創傷的「隱藏的當事者」，或是矇混過關（passing；矇混性別）的研究者。

所謂的矇混過關，主要是指少數族群的人隱藏弱勢身分，以逃離歧視或不利自己的狀況，偽裝成多數族群生存下去。例如同性戀藉由偽裝成異性戀，結婚成家以證明自己是個「像樣」的社會人，在職涯上也獲得成功以求生存就是一例。

我對當事者（／自我導向）研究的意義給予很高的評價，也認為自己是一種當事者（／自我導向）研究者。不過，當事者（／自我導向）研究這種歸類法仍然有它的極限。因為，它必須以自稱為當事者（公開祕密）為前提，而這是需要他們接受、接納，可能的話，去愛自己是當事者的事實才行。當集體重新審視人種、民族、階級、性別、身心障礙等，帶有歧視意味的價值觀，是對當事者研究邁進的一大步，即使是從外觀就顯而易見、以某種形式被迫公開（outing；按：此處以「被迫公開」取代原意「被出櫃」），或是不欲人知的祕密被踢爆後遭人貼上標籤的狀況，都可以得到「豁出去」的契機。不過，一般而言，一個人的創傷愈是個別的、零星的、深沉的，要自稱為當事者就愈困難。曖混過關這個詞，擺脫不了肯定社會上帶有歧視意味的價值觀、懦弱且狡詐地享受賦予多數族群的恩惠。不過每個人都有不欲人知的祕密，有數不清的苦衷讓人選擇不能公開或無法公開他們的祕密。或許可以說，有辦法向別人說明的苦衷，不會是什麼「了不得」的苦衷。煩惱、恥辱、受傷、失敗、後悔、自己或親近的人的疾病或犯罪或違法行為等。在精神科臨床現場，常常有機會聽到「幾十年來第一次告訴別人」的祕密，即使如此，個案對我傾訴的，也不過是他們人生的極小部分。就這個層面而言，認為「絕大多數的人都過著曖混過關的生活」，更符合邏輯。

所以應該也有人在進行「隱藏的當事者（自我導向）研究」吧。也可能有人不是直接研究自己的創傷，而是選擇相關主題，進行「部分錯開的當事者（自我導向）研究」吧。就像自然科學，原本就有許多學問領域，完全沒有針對研究者本身記述的餘地；沒有針對研究者本身做記述的習慣，現在依舊只能接受客觀寫法的學問領域應該也不少吧。

研究者本身或許並不知道自己是受什麼驅使而進行研究的，誰能說那些寫法中立、冷靜保持距離的研究者內心深處，沒有某種熱情或衝動？或許他們進行研究的同時，也竭盡所能地控制、安撫自己內部的部分壓倒性、部分無法理解性。而那種衝動或部分壓倒性，或許仔細用心的讀者或「隱藏的同類」能夠解讀暗號，也或許終究不可能。或許有些情況是要掌握傳記性的事實，才終於能夠「深入解讀」的；而那些「深入解讀」也可能多為誤解；傅柯如此，海德格（Martin Heidegger）亦如此，吳爾芙（Virginia Woolf）也是如此。

再回到家暴的例子。有各種專家參與擬定家暴防制法，受害當事者以家暴問題專家身分，成為政府委員會成員，這是畫時代的創舉。不過，以傳統定義的專家、官僚組織或相關機構負責人參與的成員當中，應該也有不少人本身是受害者、或雙親、手足、親近的朋友是家暴受害者（原本根據內閣府調查，家暴受害者在已婚女性中占三分之一，限定在有生命危險的肢體暴力也有百分之五，比例相當高）。大概有些人有意識到這一點，也有些人沒有吧。而就算意識到，應該有些人卻從未跟別人提過，也有些人只跟非常親近的對象談過吧。或許有些人是在參與法制化的過程中，家長的家暴記憶才甦醒的，或者才發現自己現在依舊受到家暴的影響。要從法制化過程留下的紀錄文件中，找出這些人明確的當事者性，一定幾乎不可能，但這些關連，非常可能鼓舞了士氣、或成為法律制定實現的原動力之一。有沒有公開自己是當事者，在這裏並不重要。

提倡「生命學」的森岡正博，重視「不要把自己置身事外」的態度。但同時，他主張重要的是不要用在批評別人，特別是不要攤在大眾面前。另外，他指出「敘述自我」（按：日文是「私語り」，用言語敘述自己過去的經驗）是生命學的重要手法，但並非必要，需要慎重的關照和考量（森岡正博〈何謂生命學〉（「生命学とは何か」）91）。我認為他特意寫出這些，並不是基於學問上的禮儀規範層面，而是因為人具備了多面性、複雜性、誰也無法窺得的一面、誰也不該輕易碰觸的部分，而他想表示對於這些事的理解和敬意吧。

寫在最後

環狀島的誕生，源於一個疑問：當我們試圖談論原本難以啟齒的創傷時，會發生什麼事？

我想它應該展現了現象的複雜度、當中的幾個法則，具備解開一些常見誤解的效用，但並沒有提出解決方案。甚至反而可以說，它是讓我們認識摩擦和紛爭如何容易發生、解決的構造多麼困難的工具。

環狀島也試圖描繪出創傷經驗的沉重和無法逃脫。人的存在，一定會有某種程度受到經驗的束縛，但那並不是「沒有經驗過，就什麼都不可能懂」的百分之百經驗主義。

環狀島試圖想像無法發出聲音的人、遭到抹滅的人。我並不是要主張能夠談論創傷的人，就表示他們的傷勢不嚴重。也不是想說還能主動公開祕密，就表示他所受到的歧視沒什麼。

我們無法得知發不出聲音的當事者在哪裏。必須想像看不見的、未知的事情時，我們會需要輔助線，否則，想像本身可能會變成對於看不見的東西施加的暴力。為了想像**內海**，我們可以從發得出聲音的人和他們的證詞來畫補助線。

在這層意義上，所有的證詞都（也）是一種代言。

也就是證詞本身原本就應該受到尊重和接納，在此同時，也應該做為更內側那些犧牲者的代言，得到理解、和接納。應該可以兼顧對持續發言的人的敬意，和對無法出聲的人的想像。

澳洲原住民以夢幻時代感受現實，所謂夢幻時代，據說可以喻為去看月缺時靜靜搖晃的陰暗部分（明德爾《二十四小時的清醒夢》）。

在對於發言的當事者懷抱敬意時，希望能夠試著想像在內側總是有陰影存在，有該被感受到的沉默存在。在對發言這件事本身懷抱敬意時，希望能夠試著想像還有些話語無法被說出來、還有些事情沒有被表現出來。希望能夠去領會這樣的接受方式、傾聽方式和姿態。

只要能夠確認這件事，或許可以說，那麼是當事者或不是當事者的區別等，就都不重要了。如果可以再延伸一點，那麼想像離當事者最遠的人、為這些最遠的人哀悼、愛他們、試圖跟他們建立連結，或許像是個悖論，能夠在最接近**內海**、最深沉的地方貼近陪伴他們。

後記

很高興這七、八年多來，在我腦海中模糊思索的東西，能夠轉化為完整的詞句。似乎還有很多事沒寫夠的感覺，不過，無論如何一定想寫下來的事我想已經記錄下來了。雖然不知道我腦海中的印象到底有多少能夠透過言詞傳達出來，期盼各位讀者能夠從中各自有所感受，然後進一步延伸出補助線，繼續拓廣各自的想像空間。

本書是將從二〇〇五年冬天開始，花了將近二年的時間，在《月刊Misuzu》（『月刊みすず』）隔月連載的文章加以修潤完成的。原本預計刊載六次左右，但撰寫當中，我感覺到水脈不斷延伸拓展。

有時候，我會覺得自己的腦對自己而言是「別人」。特別是撰寫這些文章的過程中，發現「自己原來是這樣想的」，或是「當時，莫名受到那本書吸引，原來是基於這樣的原因」，往往連自己都感到驚訝。

每次接近截稿日（其實應該說實際上過了截稿日），有時候我自己會從一些走投無路下擠出的詞句、或是突然浮現的詞句當中得到勇氣。

可能是我腦海裏有以各種形式（邂逅、書籍、夢境或虛構作品等）住進來來的人，他們在這裏持續成長、持續給我刺激、透過我的身體、透過敲鍵盤的手，試圖將想說的話傳達給我吧。

然後，參考文獻清單如此多元的書，市面上可能也不多見吧，如同拼貼畫、大雜燴一般，我覺得這樣沒問題。自己當中住了一群別人的豐饒，這群人開始進行不可思議交流的樂趣，自己成為交流媒體的喜悅……。我記得朱迪斯・巴特勒的著作中有「site of citation」引用集合之處這個敘述，論文、書籍、人、身體都變成「site of citation」。它也是所有層面的知識與知識的權力纏繞迴旋、刀鋒交錯的場所。我引用了很多非學術文獻，如果您閱讀了內文，一定明白我的原因。但我並不是對學院派絕望。希望本書的內容，今後也能做為一種相信知識的力量，懷著對學術探索可能性希望的「學問學」，繼續發展下去。

而於我個人，非常高興自己的理科頭腦和文科頭腦兩邊都用上了。環狀島，就像我用側面圖平面圖或俯瞰圖呈現的，參考的是數學圖形或核彈爆炸的受害地圖。同時我在文章中也採用了詩的表現。往來在物理性存在、距離、物質性的現實，以及隱喻性的思考，和從中衍生的想像中的印象之間，逐漸讓環狀島浮現的這個工作，讓我的右腦和左腦都得到滿足。

坦白說，持續撰寫還是痛苦的。撰寫連載稿件的時期，也是我反覆自問自答關於自己內部的堅強和軟弱、穩重和激動、膽怯和勇氣、傲慢和謙遜、任性和誠實、絕望和希望的時期。不過，當時如果沒有寫下來，我想我應該會更痛苦。

這次也不例外，在本書的執筆及出版過程中，我得到許多朋友、同事、家人的支持、幫助和鼓勵。從學生身上也得到各種刺激，臨床邂逅的眾多個案傳授知識和勇氣給我，我就不在此逐一列出名字，謹此向各位致上謝意，非常感謝大家。

另外，我要特別感謝從前一本著作《創傷的醫療人類學》(『トラウマの医療人類学』）就擔任連載及本書編輯的Misuzu書房（みすず書房）守田省吾先生。

最後，本書也是平成十六至十九年度（按：二〇〇四至二〇〇七年）日本學術振興會科學研究費補助金補助（基盤研究B2「由『外傷性精神障礙』看創傷與性別的相互影響（「『外傷性精神障害』からみたトラウマとジェンダーの相互的影響」）課題號碼16310171代表者宮地尚子）研究成果的一部分，謹此致謝。

記於仰望連貫到全世界的那片藍天和飛機雲的日子。

二〇〇七年　深秋的新英格蘭

宮地尚子

參考文獻

按：

- 標示日文原書、日文文章、日文譯本與英文原書，表示作者參考資料來源；
- 以首度出現於本書中的頁碼順序排列；
- 除了載明繁體中文版出版資訊以外的中文書名皆為暫譯，不再另外標示。

7 日文譯本：普利摩・李維（Primo Levi）著，竹山博英譯《滅頂與生還》（『溺れるものと救われるもの』；*I sommersi e i salvati*），朝日新聞社，二〇〇〇

7 日文譯本：B・H・史塔姆編，小西聖子、金田Yuriko（金田ユリ子）合譯《替代性創傷壓力：臨床人員、研究者、教育者的自我照護》（『二次的外傷性ストレス』），誠信書房，二〇〇三，頁二五四；英文原書：Edited by B. Hudnall Stamm, *Secondary Traumatic Stress: Self-Care Issues for Clinicians, Researchers & Educators*, Sidran Press, 1999

7 日文譯本：茱蒂絲・赫曼（Judith L.Herman）著，中井久夫譯《從創傷到復原：性侵與家暴倖存者的絕望與重生》（『心的外傷と回復　増補版』；*Trauma and Recovery: The Aftermath of Violence—From Domestic Abuse to Political Terror*），Misuzu書房（みすず書房），一九九九；繁體中文譯本：遠流，二〇〇四；左岸文化，二〇一八

11 日文原書：宮地尚子《創傷的醫療人類學》(『トラウマの医療人類学』)，Misuzu書房（みすず書房），二〇〇五

13 日文譯本：史碧華克（Gayatri Chakravorty Spivak）著，上村忠男譯《從屬者可以發言嗎？》(『サバルタンは語ることができるか』；*Can the Subaltern Speaks ?in Marxisam And The Interpretation Of Culture*)，Misuzu書房（みすず書房），一九九八

13 日文譯本：漢娜・鄂蘭（Hannah Arendt）著，大久保和郎、大島Kaori（大島かおり）合譯《極權主義的起源》(『全体主義の起原3　全体主義』；*The Origins of Totalitarianism*)，Misuzu書房（みすず書房），一九八一；繁體中文譯本：時報文化，一九九五；左岸文化，二〇〇九

14 日文文章：米山Lisa（米山リサ）〈記憶的辯證法　廣島〉(「記憶の弁証法　広島」)，刊載於《思想》一九九六年八月號

17 日文譯本：伊芙・可索夫斯基・賽菊寇（Eve Kosofsky Sedgwick）著，外岡尚美譯《暗櫃認識論》(『クローゼットの認識論——セクシュアリティの20世紀』；*Epistemology Of The Closet Summary*)，青土社，一九九九

17 日文文章：參考宮地尚子〈治療者的性別敏感度（gender sensitivity）〉(「治療者のジェンダー・センシティビティ」)，刊載於《精神療法》三一卷二號，金剛出版，二〇〇五

18 日文原書：森茂起編《埋葬與亡靈：創傷概念的重新探究》(『埋葬と亡霊——トラウマ概念の再吟味』)，人文書院，二〇〇五

23 日文譯本：喬治・雷可夫、馬克・詹森合著，計見一雄譯《肉身的哲學》(『肉中の哲学』)，哲學書房（哲学書房），二〇〇四；英文原書：George Lakoff and Mark Johnson, *Philosophy in the Flesh: the Embodied Mind & its Challenge to Western Thought*, Basic Books, 1999

26 日文文章：宮地尚子〈性暴力與創傷後壓力疾患〉(「性暴力とＰＴＳＤ」)，刊載於《Jurist》(『ジュリスト』)一二三七號，二〇〇三

30 日文譯本：貝塞爾・范德寇等編、西澤哲監譯《創傷壓力》(『トラウマティック・ストレス』)，誠信書房，二〇〇一；英文原書：Edited by Bessel A. van der Kolk, Alexander C. McFarlane, and Lars Weisaeth, *Traumatic Stress: The Effects of Overwhelming Experience on Mind, Body, and Society*, The Guilford Press, 1996

32 日文譯本：理查・高德納（Richard B. Gartner）著，宮地尚子等譯《男童性虐待：男性受害者的心靈創傷和精神分析治療》(『少年への性的虐待──男性被害者の心的外傷と精神分析治療』；*Betrayed as Boys: Psychodynamic Treatment of Sexually Abused Men*)，作品社，二〇〇五

32 英文原書：J・M・戴維斯（J. M. Davies）、M・G・弗勞利（M. G. Frawley）合著《兒童期性虐待的成年倖存者心理治療》(*Treating The Adult Survivor of Childhood Sexual Abuse*)，Basic Books出版，一九九四

39 日文譯本：葛洛莉亞・安卓杜雅（Gloria Anzaldua）著，管啓次郎譯〈如何馴養野生之舌〉(「野生の舌を飼いならすには」；How to Tame a Wild Tongue)，刊載於今福龍太・沼野充義・四方田犬彥編《於旅途的間隙》(『旅のはざま』)，岩波書店，一九九六

40 日文原書：晴野真由美（晴野まゆみ）《再見，原告A子：福岡性騷擾官司手記》(『さらば、原告A子──福岡セクシュアル・ハラスメント裁判手記──』)，海鳥社，二〇〇一

54 日文原書：對抗職場性騷擾官司支援會編（職場での性的いやがらせと闘う裁判を支援する会編）《職場的「常識」將會改變：福岡性騷擾官司》(『職場の「常識」が変わる──福岡セクシュアル・ハラスメント裁判』)，IMPACT出版會（インパクト出版会），一九九二

54 日文原書：甲野乙子著《毋需懊悔也不必羞愧：京大矢野教授事件之告發》(『悔やむことも恥じることもなく──京大・矢野教授事件の告発』)，解放出版社，二〇〇一

56 日文原書：拒絕性暴力婦女之會編（性暴力を許さない女の会編）《倖存者手冊：性暴力受害復原的線索》(『サバイバーズ・ハンドブック──性暴力被害回復への手がかり』)，新水社，二〇〇二

64 英文原書：羅賓・華沙（Robin Warshaw）《這就是強暴》（*I Never Called It Rape: The Ms. Report on Recognizing, Fighting, and Surviving Date and Acquaintance Rape*），Harper Perennial出版，一九九四；http://www.aaets.org/arts/art13.htm；繁體中文譯本：平安文化，一九九六

66 日文譯本：賽菊寇（Eve Kosofsky Sedgwick）著，上原早苗、龜澤美由紀（亀澤美由紀）合譯《男人間的情誼：英國文學與同性友誼式的欲望》（『男同士の絆——イギリス文学とホモソーシャルな欲望』；*Between Men: English Literature and Male Homosocial Desire*），名古屋大學出版會（名古屋大学出版会），二〇〇一

68 日文譯本：松原惠（まつばらけい）・大島壽美子（大島寿美子）《當我被宣告罹患子宮、卵巢癌》（『子宮・卵巣がんと告げられたとき』），岩波書店，二〇〇三

69 日文文章：鄭暎惠（チョンヨンヘ）〈超越身分認同〉（「アイデンティティを超えて」），刊載於岩波講座現代社會學一五卷《歧視與共生的社會學》（『差別と共生の社会学』），一九九六，或刊載於《齊唱〈人民萬歲〉》（『〈民が世〉斉唱』），岩波書店，二〇〇三

79 日文譯本：鄭明河著，竹村和子譯《女人，本土與他者：後殖民主義與女性主義》岩波書店，一九九六；トリン・T・ミンハ著／竹村和子訳『女性・ネイティヴ・他者——ポストコロニアリズムとフェミニズム』岩波書店、一九九六；英文原書：Trinh T. Minh-ha, *Woman, Native, Other: Writing Postcoloniality and Feminism*, Indiana University Press, 1989

97 日文文章：宮地尚子〈做為控制手段的家暴：個人領域的去向〉（「支配としてのDV——個的領域のありか」），刊載於《現代思想》二〇〇五年十月號

100 日文譯本：斯圖亞特・霍爾〈新舊身分認同、新舊族群〉（新旧のアイデンティティ、新旧のエスニシティ）刊載於安東尼・D・金恩編，山中弘・安藤充・保呂篤彥譯《文化與全球化》玉川大學出版部，一九九九；英文原書：Stuart Hall, *'Old and New Identities, Old and New Ethnicities'*, Anthony D. King, *Culture, Globalization and the World-System: Contemporary Conditions for the*

Representation of Identity, University of Minnesota Press, 1997

102 日文文章：上野千鶴子〈脱離身分認同的理論〉（「脱アイデンティティの理論」）、〈脱離身分認同的策略〉（「脱アイデンティティの戦略」），刊載於上野千鶴子編《脱離身分認同》（『脱アイデンティティ』），勁草書房，二〇〇五

103 日文文章：千田有紀〈身分認同與位置性（／社會位置）〉（「アイデンティティとポジショナリティ」），刊載於上野千鶴子編《脱離身分認同》（『脱アイデンティティ』），勁草書房，二〇〇五

105 英文原書：蘿拉・戴維絲（Laura Davis）《和好再相愛：破裂關係的修復與重建》（*I Thought We'd Never Speak Again*）、Vermilion出版，二〇〇二；繁體中文譯本：張老師文化，二〇〇三

110 日文譯本：凱薩琳・貝爾西著，高桑陽子譯《文化與現實界》（文化と現実界），青土社，二〇〇六；英文原書：Catherine Belsey, *Culture And The Real: Theorizing Cultural Criticism*, Routledge, 2005

112 日文原書：鷺澤萠《連翹也是花，櫻花也是花》（『ケナリも花、サクラも花』），新潮文庫，一九九七

112 日文文章：鄭暎惠〈未經言語化就身體化的記憶，與複合性身分認同〉（「言語化されずに身体化された記憶と、複合的アイデンティティ」），刊載於上野千鶴子編《脱離身分認同》（『脱アイデンティティ』），勁草書房，二〇〇五

112 日文文章：平田由美〈非・決定的身分認同〉（「非・決定のアイデンティティ」），刊載於上野千鶴子編《脱離身分認同》（『脱アイデンティティ』），勁草書房，二〇〇五

115 日文譯本：阿諾德・明德爾著，青木聰（青木聡）譯，永澤哲（永沢哲）審稿《紛爭的心理學：融合的火焰之作用》（『紛争の心理学——融合の炎のワーク』），講談社現代新書，二〇〇一；英文原書：Arnold Mindell, *Sitting in the Fire: Large Group Transformation Using Conflict and Diversity*, Independent Publishers Group, 1995

127 日文原書：Koperu編輯部編（こぺる編集部編）《讀「考察同和的恐怖」》（『「同和はこわい考」を読む』），阿吽社，一九八八

130 日文原書：岡真理《什麼是她「正確」的名字》（『彼女の「正しい」名前とは何か』），青土社，二○○○

132 電影：《戰士標誌》（『戦士の刻印』；*Warrior Marks*），普拉提巴・帕馬（Pratibha Parmar）導演，一九九三；日文版，一九九六

137 日文譯本：保羅・策蘭（Paul Celan）著，飯吉光夫譯《光明之迫》（『迫る光』；*Lichtwang*），思潮社，一九八四；繁體中文譯本：《策蘭詩選》，傾向出版，二○一一

137 日文譯本：雅德里安・李奇（Adrienne Rich）著，白石Kazuko（白石かずこ）、渡部桃子合譯《雅德里安・李奇詩選》（『アドリエンヌ・リッチ詩集』；*Selected Poems of Adrienne Rich*），思潮社，一九九三

140 日文文章：中井久夫〈霸凌的政治學〉（「いじめの政治学」），刊載於《阿莉雅杜妮的線》（『アリアドネからの糸』），Misuzu書房（みすず書房），一九九七

143 日文原書：金石範、金時鐘合著，文京洙編《為何一路寫到現在、為何一路沉默到現在：濟州島四・三事件的記憶與文字》（『なぜ書きつづけてきたか・なぜ沈黙してきたか――済州島四・三事件の記憶と文字――』），平凡社，二○○一

145 日本原書：村上春樹《發條鳥年代記》（『ねじまき鳥クロニクル』），新潮文庫，一九九七；繁體中文譯本：時報文化，一九九五

149 日文紀錄片：坂上香導演《Lifers 超越無期徒刑》（『ライファーズ　終身刑を超えて』），out of frame製作，二○○四

150 日文譯本：克勞德・羅伯特・伊薩里、君特・安德斯合著，篠原正瑛譯《廣島，我的罪與罰：原子彈飛行員苦惱的信件》（『ヒロシマわが罪と罰――原爆パイロットの苦悩の手紙』），筑摩文庫，一

九八七；英文原書：Gunther Anders and Claude Eatherly, *Burning Conscience: the Case of the Hiroshima Pilot, Claude Eatherly, Told in His Letters to Gunther Anders*, Monthly Review, 1962

153 日文原書：日文原書：鈴城雅文《原子彈爆炸＝攝影論》（『原爆＝写真論——「網膜の戦争」をめぐって』），窗社（窓社），二〇〇五

153 日文原書：增成隆士《現代的人類觀與世界觀：寫給二十一世紀，寫給想從基本開始思考的人》（『現代の人間観と世界観——21世紀のために、基本から考えたい人のために』），東海大學出版會（東海大学出版会），一九九七

154 日文原書：藤原章生《被框進風景明信片的少年》（『絵はがきにされた少年』），集英社，二〇〇五

161 日文文章：宮地尚子〈學問的混合語〉（学問のクレオール」），刊載於『一橋論叢』一二七（四）號，二〇〇二

162 日文譯本：皮耶・布赫迪厄著，石崎晴己、東松秀雄合譯《學術人》（『ホモ・アカデミクス』），藤原書店，一九九七；英文原書：Pierre Bourdieu, *Homo Academicus*, Stanford University Press, 1988

166 日文原書：富山一郎《暴力的預感：伊波普猷的危機問題》（『暴力の予感——伊波普猷における危機の問題』），岩波書店，二〇〇二

166 日文原書：中西正司、上野千鶴子合著《當事者主權》（『当事者主権』），岩波新書，岩波書店，二〇〇三

166 日文原書：浦河伯特利之家（Bethel House）《伯特利之家的「當事者（自我導向）研究」》（『べてるの家の「当事者研究」』），醫學書院（医学書院），二〇〇五

168 日文譯本：保羅・吉洛伊著，上野俊哉、鈴木愼一郎、毛利嘉孝合譯《黑色大西洋：現代性和雙重意識》（『ブラック・アトランティック——近代性と二重意識——』），月曜社，二〇〇六；英文原書：Paul Gilroy, *The Black Atlantic: Modernity and Double-Consciousness*, Harvard University Press,

1993
169 日文原書：春日Kisuyo（春日キスヨ）《置身單親父子家庭：在男人與家長之間》（『父子家庭を生きる——男と親の間』），勁草書房，一九八九
170 英文原書：伊格納西奧・馬丁－巴洛（Ignacio Martín-Baró）著，艾德里安・雅榮（Adrianne Aron）、尚・柯恩（Shawn Corne）合編《為解放心理學而作》（*Writings for a Liberation Psychology*），哈佛大學出版社（Harvard University Press），一九九四
170 日文譯本：普莉西拉・海內爾著，阿部利洋譯《難以啟齒的真理：轉型正義和真相調查委員會的挑戰》（『語りえぬ真実：真実委員会の挑戦』），平凡社，二〇〇六；英文原書：Priscilla B. Hayner, *Unspeakable Truths: Transitional Justice and the Challenge of Truth Commissions*, Taylor & Francis, 2010
174 日文原書：白川美也子〈歷史、創傷與解離〉（「歴史とトラウマと解離」），刊載於森茂起編《埋葬與亡靈：創傷概念的重新探究》（『埋葬と亡霊——トラウマ概念の再吟味』），人文書院，二〇〇五
174 日文譯本：童妮・摩里森著，吉田迪子譯《寵兒》（『ビラヴド』），集英社文庫，一九九八；英文原書：Toni Morrison, *Beloved*, NY Knopf, 1987
174 日文譯本：瑪麗斯・孔戴著，風呂本惇子、西井Nobuko（西井のぶ子）合譯《我，提圖芭：塞納姆黑色女巫》（『わたしはティチューバ』），新水社，一九九八；英文原書：Maryse Condé, *I, Tituba: Black Witch of Salem*, Ballantine Books, 1992
174 英文原書：約翰・里德（John Read）編《瘋癲模式》〔*Models of Madness: Psychological, Social and Biological Approaches to Schizophrenia*〕，Brunner-Routledge出版，二〇〇四
174 日文譯本：艾杜瓦・葛立松著，管啓次郎譯《〈關係〉的詩學》（『〈関係〉の詩学』），INSCRIPT（インスクリプト），二〇〇〇；英文原書：Édouard Glissant, *Poetics of Relation*, University of Michigan Press, 1997

175 日文譯本：克勞德・朗茲曼著，高橋武智譯《〈SHOAH〉浩劫》（『SHOAH ショアー』），作品社，一九九五；英文原書：Claude Lanzmann, *Shoah : An Oral History of the Holocaust*, Pantheon Books, 1985

175 電影：《浩劫》（*Shoah*），克勞德・朗茲曼（Claude Lanzmann）導演，Ace Pictures=SIGLO，一九八五

175 日文原書：鵜飼哲、高橋哲哉編《〈浩劫〉的衝擊》（『「ショアー」の衝撃』），未來社，一九九五

176 日文譯本：阿諾德・明德爾著，藤見幸雄、青木聰（青木聡）合譯《二十四小時的清醒夢：做夢與覺醒的心理學》（青木聡訳『24時間の明晰夢——夢見と覚醒の心理学』），春秋社，二〇〇一；英文原書：Arnold Mindell, *Dreaming while awake: techniques for 24-hour lucid dreaming*, Charlottesville, Va.: Hampton Roads; Enfield: Airlift, 2000

176 日文原書：中澤新一（中沢新一）《藝術人類學》（『芸術人類学』），Misuzu書房（みすず書房），二〇〇六

178 日文原書：津田敏秀《醫學學者在公害事件中做了些什麼》（『医学者は公害事件で何をしてきたのか』），岩波書店，二〇〇四

179 日文原書：中井久夫《我是如何度過這種情況的》（『こんなとき私はどうしてきたか』），醫學書院（医学書院），二〇〇七

183 英文原書：琳達・杜喜娃・史密斯（Linda Tuhiwai Smith）《研究方法之去殖民地化》（*Decolonizing Methodologies: Research and Indigenous Peoples*），Zed Books出版，一九九九

184 日文譯本：芭芭拉・艾倫瑞克、迪爾德麗・英格利希合著，長瀨久子（長瀬久子）譯《女巫、產婆、護士：女性醫療家的歷史》（『魔女・産婆・看護婦——女性医療家の歴史』），法政大學出版局（法政大学出版局），一九九六；英文原書：Barbara Ehrenreich and Deirdre English, *Witches, Midwives, and Nurses: A History of Women Healers*, Consortium Book Sales & Distribution, 1973

186 日文譯本：戴夫・葛司曼著，安原和見譯《論殺戮：什麼是殺人行為的本質？》（『戦争における「人殺し」の心理学』），筑摩學藝文庫（ちくま学芸文庫），二〇〇四；英文原書：Dave Grossman, *On Killing: The Psychological Cost of Learning to Kill in War and Society*, Little, Brown and Company, 1995；繁體中文版：遠流，二〇一六

187 日文文章：今福龍太〈媒體與世界同時性：衛星性暴力的另一端〉（「メディアと世界同時性——衛星的暴力の彼方へ」）；http://www.cafecreole.net/WTC/AfterWTC-4.html

187 日文譯本：喬姆斯基（Noam Chomsky）著，清水知子、淺見克彥、野野村文宏（野々村文宏）合譯《知識分子的責任》（『知識人の責任』）；*"The Responsibility of Intellectuals" and other essays extracted from AMERICAN POWER AND THE NEW MANDARINS*），青弓社，二〇〇六

189 電影：史蒂芬・索德柏（Steven Soderbergh）導演《永不妥協》（『エリン・ブロコビッチ』；*Erin Brockovich*），索尼影視娛樂（Sony Pictures Entertainment），二〇〇〇

192 日文文章：森岡正博〈何謂生命學〉（「生命学とは何か」），刊載於《現代文明學研究》（『現代文明学研究』）第八號，二〇〇七，頁四四七—四八六；http://www.lifestudies.org/kinokopress/civil/0802.htm

注

按：

• 標示日文原書、日文文章、日文譯本與英文原書，表示作者的參考文獻來源；

• 除了載明繁體中文版出版資訊以外的中文書名皆為暫譯，不再另外標示。

1 日文譯本：普利摩・李維（Primo Levi）著，竹山博英譯《滅頂與生還》（『溺れるものと救われるもの』；*I sommersi e i salvati*），朝日新聞社，二〇〇〇，頁一一

2 日文譯本：茱蒂絲・赫曼（Judith L.Herman）著，中井久夫譯《從創傷到復原：性侵與家暴倖存者的絕望與重生》（『心的外傷と回復』；*Trauma and Recovery: The Aftermath of Violence—From Domestic Abuse to Political Terror*），Misuzu書房（みすず書房），一九九六，頁四；繁體中文譯本：遠流，二〇〇四；左岸文化，二〇一八

3 日文譯本：引用自B・H・史塔姆編，小西聖子、金田Yuriko（金田ユリ子）合譯《替代性創傷壓力：臨床人員、研究者、教育者的自我照護》（『二次的外傷性ストレス』），誠信書房，二〇〇三，頁二五四；英文原書：Edited by B. Hudnall Stamm, *Secondary Traumatic Stress: Self-Care Issues for Clinicians, Researchers & Educators*, Sidran Press, 1999

4 日文原書：參考自宮地尚子著《創傷的醫療人類學》（『トラウマの医療人類学』），Misuzu書房（みすず書房），二〇〇五

5 日文譯本：漢娜・鄂蘭（Hannah Arendt）著，大久保和郎、大島Kaori（大島かおり）合譯《極權主義的起源》（『全体主義の起原3　全体主義』；*The Origins of Totalitarianism*），Misuzu書房（みすず書房），一九八一；繁體中文譯本：時報文化，一九九五；左岸文化，二〇〇九

6 日文譯本：史碧華克（Gayatri Chakravorty Spivak）著，上村忠男譯《從屬者可以發言嗎？》（『サバルタンは語ることができるか』；*Can the Subaltern Speaks ?in Marxisam And The Interpretation Of Culture*），Misuzu書房（みすず書房），一九九八

7 日文文章：米山Lisa（米山リサ）〈記憶的辯證法　廣島〉（「記憶の弁証法　広島」），刊載於《思想》一九九六年八月號，頁五－二九

8 日文譯本：伊芙・可索夫斯基・賽菊寇（Eve Kosofsky Sedgwick）著，外岡尚美譯《暗櫃認識論》（『クローゼットの認識論――セクシュアリティの20世紀』；*Epistemology Of The Closet Summary*），青土社，一九九九

9 日文文章：參考宮地尚子〈治療者的性別敏感度（gender sensitivity）〉（「治療者のジェンダー・センシティビティ」），刊載於《精神療法》三一卷二號，金剛出版，二〇〇五，頁四一－四七

10 日文譯本：普利摩・李維（Primo Levi）著，竹山博英譯《滅頂與生還》（『溺れるものと救われるもの』；*I sommersi e i salvati*），朝日新聞社，二〇〇〇

11 日文原書：森茂起編《埋葬與亡靈：創傷概念的重新探究》（『埋葬と亡霊――トラウマ概念の再吟味』），人文書院，二〇〇五

12 日文譯本：喬治・雷可夫、馬克・詹森合著，計見一雄譯《肉身的哲學》（『肉中の哲学』），哲學書房（哲学書房），二〇〇四，頁一一；英文原書：George Lakoff and Mark Johnson, *Philosophy in the Flesh: the Embodied Mind & its Challenge to Western Thought*, Basic Books, 1999

13 日文文章：宮地尚子〈性暴力與創傷後壓力疾患〉（「性暴力とＰＴＳＤ」），刊載於《Jurist》（『ジュリスト』）一二三七號，二〇〇三，頁一五六－一七三

14 日文文章：宮地尚子〈PTSD的概念在法律上該如何考量？〉（「PTSD概念をどう法は受け止めるべきか？」），刊載於《創傷的醫療人類學》（『トラウマの医療人類学』），Misuzu書房（みすず書房），二〇〇五

15 日文譯本：貝塞爾・范德寇等編，西澤哲監譯《創傷壓力》（『トラウマティック・ストレス』），誠信書房，二〇〇一；英文原書：Edited by Bessel A. van der Kolk, Alexander C. McFarlane, and Lars Weisaeth, *Traumatic Stress: The Effects of Overwhelming Experience on Mind, Body, and Society*, The Guilford Press, 1996

16 英文原書：J・M・戴維斯（J. M. Davies）、M・G・弗勞利（M. G. Frawley）合著《兒童期性虐待的成年倖存者心理治療》（*Treating The Adult Survivor of Childhood Sexual Abuse*），Basic Books出版，一九九四

17 日文譯本：理查・高德納（Richard B. Gartner）著，宮地尚子等譯《男童性虐待：男性受害者的心靈創傷和精神分析治療》（『少年への性的虐待——男性被害者の心的外傷と精神分析治療』；*Betrayed as Boys: Psychodynamic Treatment of Sexually Abused Men*），作品社，二〇〇五

18 日文文章：宮地尚子〈有辦法拯救難民嗎〉（「難民を救えるか」），刊載於《創傷的醫療人類學》（『トラウマの医療人類学』），Misuzu書房（みすず書房），二〇〇五

19 日文譯本：葛洛莉亞・安卓杜雅（Gloria Anzaldua）著，管啓次郎譯〈如何馴養野生之舌〉（「野生の舌を飼いならすには」；How to Tame a Wild Tongue），刊載於今福龍太・沼野充義・四方田犬彥編《於旅途的間隙》（『旅のはざま』），岩波書店，一九九六，頁一九〇

20 日文原書：晴野真由美（晴野まゆみ）《再見，原告A子：福岡性騷擾官司手記》（『さらば、原告A子——福岡セクシュアル・ハラスメント裁判手記——』），海鳥社，二〇〇一

21 日文原書：對抗職場性騷擾官司支援會編（職場での性的いやがらせと闘う裁判を支援する会編）《職場的「常識」將會改變：福岡性騷擾官司》（『職場の「常識」が変わる——福岡セクシュアル・

ハラスメント裁判』），IMPACT出版會（インパクト出版会），一九九二，頁一四四－一四五

22 日文原書：甲野乙子著《毋需懊悔也不必羞愧：京大矢野教授事件之告發》（『悔やむことも恥じることもなく――京大・矢野教授事件の告発』），解放出版社，二〇〇一

23 日文原書：拒絕性暴力婦女之會編（性暴力を許さない女の会編）《倖存者手冊：性暴力受害復原的線索》（『サバイバーズ・ハンドブック――性暴力被害回復への手がかり』），新水社，二〇〇二

24 同注19，頁二〇〇

25 同注21
日文原書：對抗職場性騷擾官司支援會編（職場での性的いやがらせと闘う裁判を支援する会編）《職場的「常識」將會改變：福岡性騷擾官司》（『職場の「常識」が変わる――福岡セクシュアル・ハラスメント裁判』），IMPACT出版會（インパクト出版会），一九九二

26 英文原書：羅賓・華沙（Robin Warshaw）《這就是強暴》（*I Never Called It Rape: The Ms. Report on Recognizing, Fighting, and Surviving Date and Acquaintance Rape*），Harper Perennial出版，一九九四；Perspectives on Acquaintance Rape: http://www.aaets.org/arts/art13.htm；繁體中文譯本：平安文化，一九九六

27 日文文章：宮地尚子〈血液製劑輸注感染之愛滋病（藥害愛滋）與告知〉（「薬害エイズと告知」），刊載於《創傷的醫療人類學》（『トラウマの医療人類学』），Misuzu書房（みすず書房），二〇〇五，頁一〇七－一一六

28 日文譯本：賽菊寇著，上原早苗、龜澤美由紀（亀澤美由紀）合譯《男人間的情誼：英國文學與同性友誼式的欲望》（『男同士の絆――イギリス文学とホモソーシャルな欲望』；*Between Men: English Literature and Male Homosocial Desire*），名古屋大學出版會（名古屋大学出版会），二〇〇一

29 日文譯本：松原惠（まつばらけい）・大島壽美子（大島寿美子）合著《當我被宣告子宮、卵巢癌》

（『子宮・卵巣がんと告げられたとき』），岩波書店，二〇〇三

30 日文文章：上野千鶴子〈複合歧視論〉（「複合差別論」），刊載於岩波講座現代社會學一五卷《歧視與共生的社會學》（『差別と共生の社会学』），岩波書店，一九九六，頁二〇三—二三二

31 日文文章：鄭暎惠（チョンヨンへ）〈超越身分認同〉（「アイデンティティを超えて」），刊載於岩波講座現代社會學一五卷《歧視與共生的社會學》（『差別と共生の社会学』），一九九六，頁一—三三；或刊載於《齊唱〈人民萬歲〉》（『〈民が世〉斉唱』），岩波書店，二〇〇三

32 日文文章：宮地尚子〈幫助弱勢群體的精神醫學〉（「マイノリティのための精神医学」），刊載於《創傷的醫療人類學》（『トラウマの医療人類学』），Misuzu 書房（みすず書房），頁三二六—三四七

33 日文譯本：鄭明河著，竹村和子譯《女人，本土與他者：後殖民主義與女性主義》（『女性・ネイティヴ・他者——ポストコロニアリズムとフェミニズム』），岩波書店，一九九六；英文原書：Trinh T. Minh-ha, *Woman, Native, Other: Writing Postcoloniality and Feminism*, Indiana University Press, 1989

34 日文文章：宮地尚子〈岌岌可危的身分認同〉（「揺らぐアイデンティティ」），刊載於《創傷的醫療人類學》（『トラウマの医療人類学』），Misuzu 書房（みすず書房），二〇〇五

35 同注30

36 同注31頁一—三三

37 日文文章：宮地尚子〈做為控制手段的家暴：個人領域的去向〉（「支配としてのDV——個的領域のありか」），刊載於《現代思想》二〇〇五年十月號，頁一二一—一三三

38 日文譯本：斯圖亞特・霍爾〈新舊身分認同、新舊族群〉（「新旧のアイデンティティ、新旧のエスニシティ」），刊載於安東尼・D・金恩編，山中弘・安藤充・保呂篤彥譯《文化與全球化》（『文化とグローバル化』），玉川大學出版部（玉川大学出版部），一九九九，頁七五—七六；英文原書：Stuart Hall, '*Old and New Identities, Old and New Ethnicities*', Anthony D. King,

Culture, Globalization and the World-System: Contemporary Conditions for the Representation of Identity,University of Minnesota Press, 1997

39 日文文章：上野千鶴子〈脱離身分認同的理論〉(「脱アイデンティティの理論」)，刊載於上野千鶴子編《脱離身分認同》(『脱アイデンティティ』)，勁草書房，二〇〇五，頁一一四一

40 日文文章：千田有紀〈身分認同與位置性（／社會位置）〉(「アイデンティティとポジショナリティ」)，刊載於上野千鶴子編《脱離身分認同》(『脱アイデンティティ』)，勁草書房，二〇〇五

41 英文原書：蘿拉・戴維絲（Laura Davis）《和好再相愛：破裂關係的修復與重建》(*I thought we'd never speak again : the road from enstrangement to reconciliation*)，Vermilion出版，二〇〇二；繁體中文譯本：張老師文化，二〇〇三

42 同注31

43 日文譯本：凱薩琳・貝爾西著，高桑陽子譯《文化與現實界》(『文化と現実界』)，青土社，二〇〇六；英文原書：Catherine Belsey , *Culture And The Real: Theorizing Cultural Criticism*, Routledge, 2005

44 日文原書：鷺澤萠《連翹也是花，櫻花也是花》(『ケナリも花、サクラも花』) ，新潮文庫，一九九七

45 上野千鶴子編《脱離身分認同》，頁一六七一一九八

46 上野千鶴子編《脱離身分認同》，頁一九九一二三五

47 日文譯本：阿諾德・明德爾著，青木聰（青木聡）譯，永澤哲（永沢哲）審稿《紛爭的心理學：融合的火焰之作用》(『紛争の心理学──融合の炎のワーク』)，講談社現代新書，二〇〇一；英文原書：Arnold Mindell, *Sitting in the Fire: Large Group Transformation Using Conflict and Diversity*, Independent Publishers Group, 1995

48 日文原書：Koperu編輯部編（こぺる編集部編）《讀「考察同和的恐怖」》(『「同和はこわい考」を

読む』)，阿吽社，一九八八

49 日文原書：岡真理《什麼是她「正確」的名字》(『彼女の「正しい」名前とは何か』)，青土社，二〇〇〇

50 電影：《戰士標誌》(『戦士の刻印』；*Warrior Marks*)，普拉提巴・帕馬（Pratibha Parmar）導演，一九九三；日文版，一九九六

51 日文譯本：保羅・策蘭（Paul Celan）著，飯吉光夫譯《光明之迫》(『迫る光』；*Lichtwang*)，思潮社，一九八四，頁八九

52 日文譯本：雅德里安・李奇（Adrienne Rich）著，白石Kazuko（白石かずこ）、渡部桃子合譯《雅德里安・李奇詩選》(『アドリエンヌ・リッチ詩集』；*Selected Poems of Adrienne Rich*)，思潮社，一九九三

53 日文文章：中井久夫〈霸凌的政治學〉(「いじめの政治学」)，刊載於《阿莉雅杜妮的線》(『アリアドネからの糸』)，Misuzu書房（みすず書房），一九九七

54 日文原書：金石範、金時鐘合著，文京洙編《為何一路寫到現在、為何一路沉默到現在：濟州島四・三事件的記憶與文字》(『なぜ書きつづけてきたか・なぜ沈黙してきたか——済州島四・三事件の記憶と文字——』)，平凡社，二〇〇一，頁一八〇—一八一

55 日文原書：村上春樹《發條鳥年代記》(『ねじまき鳥クロニクル』)，新潮社，一九九四，文庫版第一部，頁三〇九；繁體中文譯本：《發條鳥年代記：第一部鵲賊篇》，時報文化，一九九五，頁二一七

56 同注51，頁二一八

57 同注54

58 上野千鶴子編《脱離身分認同》，頁三一四—三一八

59 紀錄片：坂上香導演《Lifers 超越無期徒刑》(『ライファーズ　終身刑を超えて』)，out of frame製

作，二〇〇四

60 日文譯本：克勞德・羅伯特・伊薩里、君特・安德斯合著，篠原正瑛譯《廣島，我的罪與罰：原子彈飛行員苦惱的信件》(『ヒロシマわが罪と罰——原爆パイロットの苦悩の手紙』)，筑摩文庫，一九八七；英文原書：Gunther Anders and Claude Eatherly, *Burning Conscience: the Case of the Hiroshima Pilot, Claude Eatherly, Told in His Letters to Gunther Anders*, Monthly Review, 1962

61 日文原書：鈴城雅文《原子彈爆炸＝攝影論》(『原爆＝写真論——「網膜の戦争」をめぐって』)，窗社（窓社），二〇〇五，頁七一

62 日文原書：增成隆士《現代的人類觀與世界觀：寫給二十一世紀，寫給想從基本開始思考的人》(『現代の人間観と世界観——21世紀のために、基本から考えたい人のために』)，東海大學出版會（東海大学出版会），一九九七

63 日文原書：藤原章生《被框進風景明信片的少年》(『絵はがきにされた少年』)，集英社，二〇〇五，頁一一三

64 日文文章：宮地尚子〈學問的混合語〉(「学問のクレオール」)，刊載於『一橋論叢』一二七（四）號，二〇〇二，頁一一六—一三五

65 日文譯本：皮耶・布赫迪厄著，石崎晴己、東松秀雄合譯《學術人》(『ホモ・アカデミクス』)，藤原書店，一九九七；英文原書：Pierre Bourdieu, *Homo Academicus*,Stanford University Press, 1988

66 日文原書：冨山一郎《暴力的預感：伊波普猷的危機問題》(『暴力の予感——伊波普猷における危機の問題』)，岩波書店，二〇〇二

67 日文原書：中西正司、上野千鶴子合著《當事者主權》(『当事者主権』)，岩波新書，二〇〇三

68 日文原書：浦河伯特利之家（Bethel House）《伯特利之家的「當事者（自我導向）研究」》(『べてるの家の「当事者研究」』)，醫學書院（医学書院），二〇〇五

69 日文譯本：保羅・吉洛伊著，上野俊哉、鈴木慎一郎、毛利嘉孝合譯《黑色大西洋：現代性和雙重意識》（『ブラック・アトランティック―近代性と二重意識―』），月曜社，二〇〇六；英文原書：Paul Gilroy, *The Black Atlantic: Modernity and Double-Consciousness*, Harvard University Press, 1993

70 日文原書：春日Kisuyo（春日キスヨ）《置身單親父子家庭：在男人與家長之間》（『父子家庭を生きる――男と親の間』），勁草書房，一九八九，頁一八七

71 英文原書：伊格納西奧・馬丁－巴洛（Ignacio Martín-Baró）著，艾德里安・雅榮（Adrianne Aron）、尚・柯恩（Shawn Corne）合編《為解放心理學而作》（*Writings for a Liberation Psychology*），哈佛大學出版社（Harvard University Press），一九九四，頁二

72 日文譯本：普莉西拉・海內爾著，阿部利洋譯《難以啟齒的真理：轉型正義和真相調查委員會的挑戰》（『語りえぬ真実：真実委員会の挑戦』），平凡社，二〇〇六；英文原書：Priscilla B. Hayner, *Unspeakable Truths: Transitional Justice and the Challenge of Truth Commissions*, Taylor & Francis, 2010

73 日文譯本：童妮・摩里森著，吉田廸子譯《寵兒》（『ビラヴド』），集英社文庫，一九九八；英文原書：Toni Morrison, *Beloved*, NY Knopf, 1987；繁體中文譯本：台灣商務，二〇〇三

74 日文譯本：艾杜瓦・葛立松著，管啓次郎譯《〈關係〉的詩學》（『〈関係〉の詩学』），INSCRIPT（インスクリプト），二〇〇〇；英文原書：Édouard Glissant, *Poetics of Relation*, University of Michigan Press, 1997

75 日文譯本：瑪麗斯・孔戴著，風呂本惇子、西井Nobuko（西井のぶ子）合譯《我，提圖芭：塞納姆黑色女巫》（『わたしはティチューバ』），新水社，一九九八；英文原書：Maryse Condé, *I, Tituba: Black Witch of Salem*, Ballantine Books, 1992

76 英文原書：約翰・里德（John Read）編《瘋癲模式》（*Models of Madness: Psychological, Social*

and Biological Approaches to Schizophrenia》，Brunner-Routledge出版，二〇〇四

77 同注11

78 電影：《浩劫》（*Shoah*），克勞德・朗茲曼（Claude Lanzmann）導演，Ace Pictures=SIGLO，一九八五

日文譯本：克勞德・朗茲曼著，高橋武智譯《〈SHOAH〉浩劫》（『SHOAH ショアー』），作品社，一九九五；英文原書：Claude Lanzmann, *Shoah : An Oral History of the Holocaust*, Pantheon Books, 1985

79 日文原書：鵜飼哲、高橋哲哉編《〈浩劫〉的衝擊》（『「ショアー」の衝擊』），未來社，一九九五

80 日文譯本：阿諾德・明德爾著，藤見幸雄、青木聰（青木聡）合譯《二十四小時的清醒夢：做夢與覺醒的心理學》（『24時間の明晰夢——夢見と覚醒の心理学』），春秋社，二〇〇一；英文原書：Arnold Mindell, *Dreaming while awake: techniques for 24-hour lucid dreaming*, Charlottesville, Va. : Hampton Roads ; Enfield : Airlift, 2000

81 日文原書：中澤新一（中沢新一）《藝術人類學》（『芸術人類学』），Misuzu書房（みすず書房），二〇〇六

82 日文原書：津田敏秀《醫學學者在公害事件中做了些什麼》（『医学者は公害事件で何をしてきたのか』），岩波書店，二〇〇四

83 日文原書：中井久夫《我是如何度過這種情況的》（『こんなとき私はどうしてきたか』），醫學書院（医学書院），二〇〇七

84 英文原書：琳達・杜喜娃・史密斯（Linda Tuhiwai Smith）《研究方法之去殖民地化》（*Decolonizing Methodologies: Research and Indigenous Peoples*），Zed Books出版，一九九九

85 日文譯本：芭芭拉・艾倫瑞克、迪爾德麗・英格利希合著，長瀨久子（長瀬久子）譯《女巫、產婆、護士：女性醫療家的歷史》（『魔女・産婆・看護婦——女性医療家の歴史』），法政大學出版局

（法政大学出版局），一九九六；英文原書：Barbara Ehrenreich and Deirdre English, *Witches, Midwives, and Nurses: A History of Women Healers*, Consortium Book Sales & Distribution, 1973

86 日文譯本：戴夫・葛司曼著，安原和見譯《論殺戮：什麼是殺人行為的本質？》（『戦争における「人殺し」の心理学』），筑摩學藝文庫（ちくま学芸文庫），二〇〇四；英文原書：Dave Grossman, *On Killing: The Psychological Cost of Learning to Kill in War and Society*, Little, Brown and Company, 1995；繁體中文版：遠流，二〇一六

87 日文譯本：喬姆斯基（Noam Chomsky）著，清水知子、淺見克彥、野野村文宏（野々村文宏）合譯《知識分子的責任》（『知識人の責任』；*"The Responsibility of Intellectuals" and other essays extracted from AMERICAN POWER AND THE NEW MANDARINS*），青弓社，二〇〇六

88 日文文章：今福龍太〈媒體與世界同時性：衛星性暴力的另一端〉（「メディアと世界同時性――衛星的暴力の彼方へ」）：http://www.cafecreole.net/WTC/AfterWTC-4.html

89 同注87

日文文章：上野俊哉〈喬姆斯基，知識分子的十字路〉，刊載於喬姆斯基《知識分子的責任》

90 電影：史蒂芬・索德柏（Steven Soderbergh）導演《永不妥協》（『エリン・ブロコビッチ』；*Erin Brockovich*），索尼影視娛樂（Sony Pictures Entertainment），二〇〇〇

91 日文文章：森岡正博〈何謂生命學〉（「生命学とは何か」），《現代文明學研究》（『現代文明学研究』）第八號，二〇〇七：http://www.lifestudies.org/kinokopress/civil/0802.htm

譯名對照

按：以首度出現於本書的頁碼順序排列

人名

專有名詞

圖表索引

國家圖書館出版品預行編目(CIP)資料

療癒心傷：凝視內心黑洞，學習與創傷共存 / 宮地尚子著 ; 李欣怡譯.
-二版. -- 臺北市 : 經濟新潮社出版 : 家庭傳媒城邦分公司發行, 2020.07
面 ; 公分. -- (自由學習 ; 31)
譯自 :
ISBN 978-986-98680-6-8(平裝)

1.心理創傷 2.心理治療

178.8 107021323